# Gestão da biodiversidade

uma análise com foco na preservação ambiental

O selo DIALÓGICA da Editora InterSaberes faz referência às publicações que privilegiam uma linguagem na qual o autor dialoga com o leitor por meio de recursos textuais e visuais, o que torna o conteúdo muito mais dinâmico. São livros que criam um ambiente de interação com o leitor – seu universo cultural, social e de elaboração de conhecimentos –, possibilitando um real processo de interlocução para que a comunicação se efetive.

# Gestão da biodiversidade

uma análise com foco na preservação ambiental

Pedro Luis Batista Tomasulo

Editora intersaberes

**EDITORA intersaberes**

Rua Clara Vendramin, 58 – Mossunguê
CEP 81200-170 – Curitiba – PR – Brasil
Fone: (41) 2106-4170
www.intersaberes.com
editora@editoraintersaberes.com.br

Conselho editorial
Dr. Ivo José Both (presidente); Dr.ª Elena Godoy; Dr. Nelson Luís Dias; Dr. Neri dos Santos; Dr. Ulf Gregor Baranow

Editora-chefe
Lindsay Azambuja

Supervisora editorial
Ariadne Nunes Wenger

Analista editorial
Ariel Martins

Capa
Kátia Priscila Irokawa

Projeto gráfico
Allyne Miara

Diagramação
LAB Prodigital

Dados Internacionais de Catalogação na Publicação (CIP)
(Câmara Brasileira do Livro, SP, Brasil)

---

Tomasulo, Pedro Luis Batista
Gestão da biodiversidade: uma análise com foco na preservação ambiental/Pedro Luis Batista Tomasulo.
Curitiba: InterSaberes, 2015.

    Bibliografia.
    ISBN 978-85-443-0168-5

    1. Biodiversidade 2. Ciências 3. Conservação da natureza 4. Conservação dos recursos naturais 5. Ecologia humana 6. Ecossistemas 7. Evolução (Biologia) 8. Meio ambiente 9. Proteção ambiental I. Título.

15-01258                                          CDD-333

---

Índice para catálogo sistemático:
1. Biodiversidade: Gestão ambiental: Economia     333

Foi feito o depósito legal.
1ª edição, 2015.
Informamos que é de inteira responsabilidade do autor a emissão de conceitos.
Nenhuma parte desta publicação poderá ser reproduzida por qualquer meio ou forma sem a prévia autorização da Editora InterSaberes.
A violação dos direitos autorais é crime estabelecido na Lei n. 9.610/1998 e punido pelo art. 184 do Código Penal.

# Sumário

Apresentação  8
Como aproveitar ao máximo este livro  12
Dedicatória  15
Epígrafe  17

*Capítulo 1*
## O conhecimento da biodiversidade  18
    1.1 O conceito de biodiversidade  21
    1.2 O conceito de espécie e suas implicações nas estimativas da biodiversidade  23

*Capítulo 2*
## Os componentes da diversidade biológica  30
    2.1 O processo de extinção de espécies  35
    2.2 Diversidade genética  48
    2.3 A viabilidade das populações na natureza  50

*Capítulo 3*
## A importância socioeconômica da biodiversidade  56
    3.1 A proteção dos hábitats para a conservação e a gestão da biodiversidade  62

*Capítulo 4*
## Recursos naturais, biodiversidade e unidades de conservação  74
    4.1 As populações tradicionais e as unidades de conservação  77
    4.2 A gestão das áreas naturais protegidas  87
    4.3 Zoneamento  90

*Capítulo 5*
## Manejo da flora: estudos para a gestão da biodiversidade  106
    5.1 Levantamentos de flora  112
    5.2 Levantamentos quantitativos da vegetação  115

*Capítulo 6*
# Manejo da fauna: estudos para a gestão da biodiversidade   130

   6.1 Métodos de levantamento por rastros e vestígios   134
   6.2 Armadilhas fotográficas   137
   6.3 Métodos de captura da fauna   139
   6.4 Armadilhas de gaiola   139
   6.5 Armadilhas de queda – *pitfalltraps*   142
   6.6 Levantamentos de avifauna e quirópteros   144
   6.7 Transectos de avistamento   146
   6.8 Monitoramento da fauna por transmissores – radiotelemetria   149
   6.9 O uso dos Sistemas de Informações Geográficas (SIG) no monitoramento ambiental   152

*Capítulo 7*
# A paisagem e a conservação da biodiversidade   158

Para concluir...   175
Referências   178
Respostas   190
Sobre o autor   195

# Apresentação

Considerando que a temática da diversidade biológica diz respeito a todas as formas de vida existentes, discorrer sobre a sua gestão implicaria ao autor agregar, num mesmo conjunto de informações, elementos como a existência das espécies, seus hábitats, o uso humano dos recursos naturais bióticos e abióticos e a conservação legal das áreas naturais. Justamente por essa diversidade de fatores a tratar, a abordagem do tema biodiversidade em uma obra é complexa, sobretudo quando envolve os aspectos de sua gestão.

Tendo em vista essa complexidade, esta obra não almeja exaurir o assunto, mas abordar os tópicos atuais relevantes relacionados à gestão da biodiversidade. Para isso, agregaremos uma revisão de trabalhos dos cientistas de maior expressão na área, os quais desenvolveram teorias, métodos e técnicas de manejo da vida silvestre e da paisagem, com foco na conservação da biodiversidade.

Ao discorrer sobre esse tema, compartilhamos com os leitores o fascínio pelos assuntos relacionados à diversidade biológica e o desassossego com o lado mais preocupante da área, que é a extinção das espécies. Além disso, lançamos pensamentos acerca do temor de que estejamos acelerando de forma descontrolada um processo de degradação ambiental, o que conduz à destruição dos nossos ecossistemas.

A presente obra se aprofunda em determinados aspectos que julgamos de fundamental importância ao gestor da biodiversidade. A abordagem, portanto, é técnica, com o propósito de que seja utilizada pelo estudante avançado da área ambiental. Em muitos momentos, o leitor terá a necessidade de dominar alguns conceitos básicos da ecologia geral, da ecologia de populações e do funcionamento dos sistemas ecológicos tropicais. Em outros instantes, fez-se necessária a incorporação de outros conceitos básicos sem os quais o conteúdo de alguns capítulos estaria comprometido. A intenção é satisfazer, também, os leitores que se interessam por princípios e fundamentos. Para isso, este livro está organizado em sete capítulos.

O Capítulo 1 aborda o conceito de espécie e mostra a incerteza que temos sobre quantas espécies realmente existem atualmente no planeta, trazendo alguns dados e estimativas lançados pelos cientistas de maior renome na área.

O Capítulo 2 fala sobre os componentes da diversidade biológica e em quais escalas de análise sua hierarquia é evidenciada. Mostra também como tais componentes são considerados quando analisamos o funcionamento dos sistemas naturais e o processo de extinção de espécies. Nesse capítulo, o estudante interessado na gestão da biodiversidade terá também a possibilidade de conhecer como as espécies de plantas e animais são catalogadas como ameaçadas e como são incluídas nas diferentes categorias de ameaça.

O Capítulo 3 aborda a questão socioeconômica da biodiversidade e enfatiza a interdependência entre os humanos e os recursos naturais, além de expor o modo como tratamos a conservação desses recursos em seu local de origem e em áreas distantes de onde eles realmente se originaram.

O Capítulo 4 trata da conservação da biodiversidade e como, historicamente, estabelecemos as áreas naturais protegidas e o modo como as gerimos contemporaneamente.

O Capítulo 5 traz tópicos essenciais sobre o manejo da vida silvestre, abordando algumas técnicas de campo utilizadas em levantamentos de vegetação. O Capítulo 6, por sua vez, traz abordagem semelhante, mas referente à fauna, bem como aspectos gerais da análise de dados para a gestão da biodiversidade.

O Capítulo 7 engloba uma análise da biodiversidade a partir da abordagem ecossistêmica de como a ecologia da paisagem contribui efetivamente para as propostas de conservação da diversidade biológica.

No sentido de contemplar também os aspectos pedagógicos do tema, foram incluídos dois estudos de caso – o que auxiliará na análise do leitor sobre a teoria inerente à gestão da biodiversidade e à sua utilização nas práticas dos profissionais da área.

Foram escolhidos dois casos que pudessem agregar maior variedade de temas abordados no livro. Um deles se relaciona à implantação de uma unidade de conservação municipal; outro, a um estudo feito com a fragmentação florestal e a proposição da conservação da biodiversidade mediante os resultados obtidos por pesquisadores.

Sendo assim, a intenção desta obra é contribuir para que você, leitor e futuro gestor da biodiversidade, possa incorporar em seu desenvolvimento pessoal e profissional os pensamentos aqui mencionados, para que seja capaz de cooperar para uma mudança de hábitos e atitudes em nossa sociedade.

Precisamos compreender com urgência a responsabilidade de cada cidadão no sucesso da sustentabilidade socioambiental e a sua importância na preservação dos ecossistemas, assim como na sobrevivência de todas as espécies que os habitam, pois esse é o caminho mais coerente para que possamos, no futuro, conciliar preservação ambiental e desenvolvimento social e tecnológico.

# Como aproveitar ao máximo este livro

Este livro traz alguns recursos que visam enriquecer o seu aprendizado, facilitar a compreensão dos conteúdos e tornar a leitura mais dinâmica. São ferramentas projetadas de acordo com a natureza dos temas que vamos examinar. Veja a seguir como esses recursos se encontram distribuídos no decorrer desta obra.

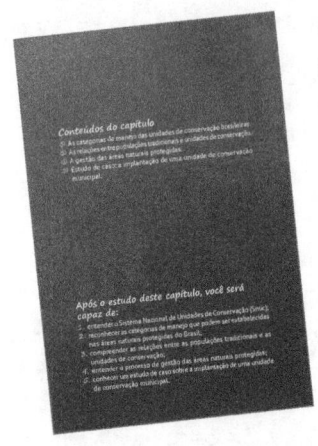

### Conteúdos do capítulo

Logo na abertura do capítulo, você fica conhecendo os conteúdos que serão abordados.

### Após o estudo deste capítulo, você será capaz de:

Você também é informado a respeito das competências que irá desenvolver e dos conhecimentos que irá adquirir com o estudo do capítulo.

### Estudo de caso

Esta seção traz ao seu conhecimento situações que vão aproximar os conteúdos estudados de sua prática profissional.

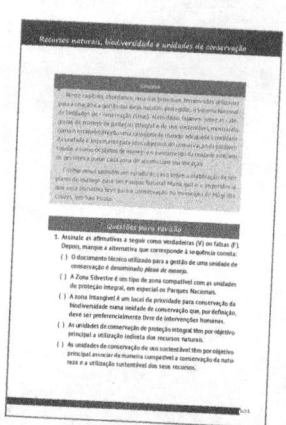

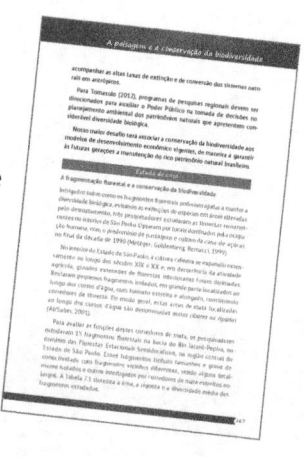

### Síntese

Você dispõe, ao final do capítulo, de uma síntese que traz os principais conceitos nele abordados.

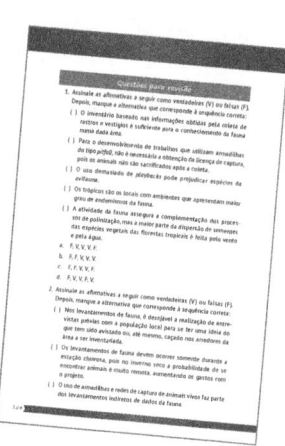

## Questões para revisão

Com estas atividades, você tem a possibilidade de rever os principais conceitos analisados. Ao final do livro, o autor disponibiliza as respostas às questões, a fim de que você possa verificar como está sua aprendizagem.

## Questão para reflexão

Nesta seção, a proposta é levá-lo a refletir criticamente sobre alguns assuntos e a trocar ideias e experiências com seus pares.

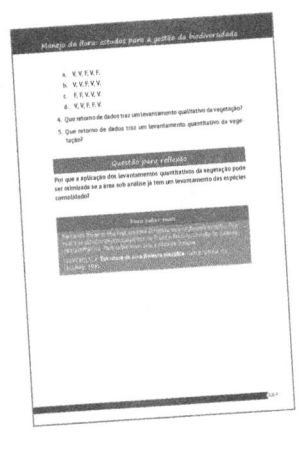

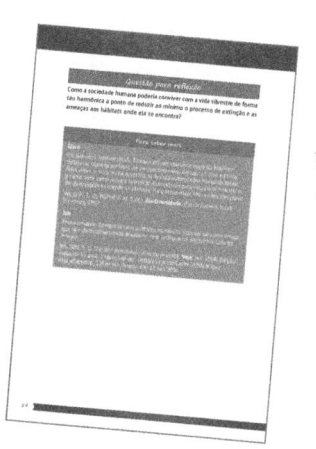

## Para saber mais

Você pode consultar as obras indicadas nesta seção para aprofundar sua aprendizagem.

# Dedicatória

Dedico este livro ao meu filho, Ian.

# Epígrafe

Já era para entardecendo. Vindo na vertente, tinha o quintal, e o mato, com o garrulho de grandes maracanãs pousadas numa embaúba, enorme, e nas mangueiras, que o sol dourejava [...] Com a entrada da noite, o passar da água canta friinho, permeio, engrossa, e a gente apreceia o cheiro dos musgúz das árvores [...] Sertão: é dentro da gente.

Guimarães Rosa (2006)

# Capítulo 1

# O conhecimento da biodiversidade

## Conteúdos do capítulo
- Estimativa do número de espécies existentes.
- Abordagens sobre os conceitos de espécie.
- O conceito de diversidade biológica.

## Após o estudo deste capítulo, você será capaz de:
1. conhecer a estimativa do número de espécies existentes na Terra atualmente;
2. conhecer os conceitos biológico, filogenético e ecológico de espécie;
3. conhecer o conceito de diversidade biológica.

Entre os aspectos mais marcantes da evolução da Terra, destacam-se as formações geológicas e a diversidade da vida. Um dos grandes desafios para os cientistas que pesquisam a vida no planeta é, sem dúvida, saber quantas espécies habitam a Terra. A ciência biológica tenta encontrar uma resposta a essa questão, mas, pela própria extensão territorial do planeta, os esforços para se fazer um censo das espécies vivas no mundo estão aquém de dimensionamentos. Isso ocorre em virtude da heterogeneidade de ambientes e da existência de inúmeros locais de difícil acesso humano, como as profundezas dos oceanos e as imensas crateras vulcânicas.

Portanto, as tentativas de quantificação da riqueza global de espécies se baseiam em estimativas. Wilson (2012) afirma que há vasta quantidade de espécies a serem descobertas, principalmente nos grupos dos fungos, bactérias e similares. Apesar de computar a catalogação de 1.413 milhão de espécies, o autor diz que, no total, as formas de vida no planeta podem variar entre 10 e 100 milhões de espécies.

Tabela 1.1 – Número de espécies catalogadas e previstas para os ambientes terrestre e oceânico

| GRUPOS | | Terra | | Oceano | |
|---|---|---|---|---|---|
| | | Catalogadas | Previstas | Catalogadas | Previstas |
| Eucariontes | Animalia | 953.434 | 7.770.000 | 171.082 | 2.150.000 |
| | Chromista | 13.033 | 27.500 | 4.859 | 7.400 |
| | Fungi | 43.271 | 611.000 | 1.097 | 5.320 |
| | Plantae | 215.644 | 298.000 | 8.600 | 16.600 |
| | Protozoa | 8.118 | 36.400 | 8.118 | 36.400 |
| | Total | 1.233.500 | 8.742.900 | 193.756 | 2.215.720 |
| Procariontes | Archaea | 502 | 455 | 1 | 1 |
| | Bacteria | 10.358 | 9.680 | 652 | 1.320 |
| | Total | 10.860 | 10.135 | 653 | 1.321 |
| | Total geral | 1.244.360 | 8.753.035 | 194.409 | 2.217.041 |

Fonte: Adaptado de Mora et al., 2011.

Para Mora et al. (2011), entre os táxons conhecidos em todas as formas de vida, a estimativa é de que existam 8,7 milhões espécies eucarióticas (como é possível ver na Tabela 1.1), das quais 2,2 milhões são marinhas. Porém, os autores preveem que 86% das espécies existentes nos hábitats terrestres e 91% das espécies nos oceanos ainda esperam por descoberta e por descrição taxonômica.

O preenchimento da lacuna existente no conhecimento da biodiversidade do planeta dependerá do interesse e do investimento nos esforços voltados aos levantamentos feitos em campo, principalmente em locais inóspitos e remotos da Terra.

Não obstante, recentemente foi divulgada a descoberta de uma nova espécie de mamífero arborícola do gênero Bassaricyon (Helgen et al., 2013), denominado olinguito pelos taxonomistas. Ele é habitante nos remanescentes de florestas tropicais do Equador e da Colômbia, na América do Sul. Os autores salientam que descobertas de novas espécies são comuns, mas elas geralmente incluem microrganismos e pequenos animais. Alegam, ainda, que uma descoberta genuinamente nova e significante como essa não acontecia há 35 anos.

Esse fato indica que, mesmo sendo alvo de estudos há muitas décadas, ecossistemas com megadiversidade, como as florestas tropicais, ainda carecem de investigações sobre as espécies que seus hábitats abrigam e sua biologia.

O empenho da ciência em conhecer o número total de espécies existentes não é motivado apenas superficialmente pela pura curiosidade sobre a diversidade da vida na Terra, mas pela necessidade que temos de traçar um ponto de referência para as perdas atuais e futuras da biodiversidade.

## 1.1 O conceito de biodiversidade

Para sistematizar o estudo das espécies, os cientistas da biologia organizaram um sistema de classificação pelo qual os organismos são classificados com base nos seguintes critérios (Margulis; Schwartz, 2001):

- K forma do corpo;
- K similaridade;
- K ancestralidade genética e metabólica;
- K padrão de desenvolvimento e comportamento.

Considerando esses padrões, o grupo de organismos semelhantes é denominado espécie.

Conforme apresentado por Mora et al. (2011) e também por Margulis e Schwartz (2001), a sistemática de classificação agrupa as espécies em:

- reinos;
- filos;
- classes;
- ordens;
- famílias;
- gêneros; e
- espécies.

A ciência que se ocupa da classificação dos organismos dentro desses agrupamentos é denominada taxonomia. Os taxonomistas modernos são capazes ainda de distinguir subespécies e híbridos naturais que porventura ocorram dentro de uma única espécie.

De forma complementar, atualmente são analisadas as relações genealógicas das espécies, que buscam classificá-las segundo suas relações comuns de ancestralidade. Essa análise é denominada sistemática filogenética.

Devemos entender que o conceito de espécie sempre foi alvo de muita controvérsia entre os cientistas dedicados ao estudo da história natural. Taxonomistas, como o conhecido Carlos Lineu (Carolus Linnaeus, 1707-1778), utilizavam caracteres de semelhança para agrupar ou diferenciar espécies. Essa maneira de classificação era tipológica; nela, os indivíduos considerados pertencentes a uma mesma espécie seriam aqueles que compartilhassem as mesmas características tipológicas. Seriam, assim, entidades fixas, imutáveis e desprovidas de qualquer grau de conexão entre eles.

Após o darwinismo, uma corrente de sistematas passou a considerar também as características evolutivas, afirmando que as espécies e sua diversidade eram resultado de um processo natural de descendência com modificação (Amorim, 2002).

A consideração da história da ancestralidade como foco de análise rompeu as premissas de que as espécies seriam unidades isoladas, inferindo um diagnóstico transtemporal à taxonomia e agregando as relações de parentesco entre os indivíduos, desde a sua origem até a definição de espécies. Esse tipo de análise é denominada filogenia ou filogenética (Amorim, 2002).

## 1.2 O conceito de espécie e suas implicações nas estimativas da biodiversidade

Para Aleixo (2009), o estabelecimento do conceito de espécie tem implicações importantes no que diz respeito às estimativas dos parâmetros de biodiversidade e do planejamento para criação de áreas naturais protegidas, pois ambas utilizam as espécies como unidade fundamental de análise. O autor pondera que o debate principal recai sobre os conceitos biológico e filogenético de espécie, dividindo opiniões.

Aleixo (2009) afirma que populações diferenciadas e evolutivamente independentes são tratadas como espécies distintas pelo conceito filogenético de espécies. Ao mesmo tempo, o conceito biológico analisa o grau de isolamento reprodutivo, tratando como subespécies aqueles indivíduos de uma única espécie que, apesar de terem diferenciações, são capazes de garantir o fluxo gênico (Freeman; Herron, 2009).

Segundo Aleixo (2009), o conceito biológico de espécie está estabelecido há muito tempo e influenciou inúmeras gerações de cientistas. Para ele, o tratamento dado por esse conceito às subespécies pode ocultar o reconhecimento de táxons que seriam, na verdade, unidades taxonômicas distintas, ou seja, espécies.

No entanto, o conceito biológico de espécie é a definição legal utilizada na Lei de Espécies Ameaçadas nos Estados Unidos (Freeman; Herron, 2009) em nível nacional, nas listas brasileiras, publicadas oficialmente pela Fundação Biodiversitas, na lista oficial das espécies da flora ameaçadas de extinção, publicada pela Resolução SMA n. 48, de 21 de setembro de 2004 (São Paulo, 2004), e no Decreto n. 53.494, de 2 de outubro de 2008 (São Paulo, 2008), que divulga a lista da fauna silvestre ameaçada, quase ameaçada, colapsada, sobrexplotada e ameaçada de sobrexplotação no Estado de São Paulo.

De acordo com Aleixo (2009), o conceito de espécie baseado na análise filogenética é capaz de corrigir essa distorção analítica, reconhecendo aquelas unidades que formam grupos verdadeiramente distintos. Essa abordagem tem grande valor para a biologia da conservação, pois reconhece espécies que podem ter alto grau de endemismo ou mesmo estarem ameaçadas de extinção; além disso, valoriza o apelo conservacionista para um grande número de ecossistemas, ideia corroborada também por Miyaki (2009).

Aleixo (2009) pondera ainda que o conceito filogenético de espécie provoca o que chamou de inflação taxonômica. O autor aponta consequências como:

- o aumento significativo na destinação de recursos que seriam aplicados para a preservação desse número adicional de espécies;
- a inviabilidade de comparação de listas de espécies ameaçadas, as quais podem retratar apenas um acúmulo crescente de espécies devido às revisões taxonômicas, e não o aumento ou a diminuição de sua verdadeira vulnerabilidade;
- o risco da banalização do termo espécie ameaçada, tornando apática a opinião pública em relação a esse tema.

Ridley (2006) corrobora a ideia de que sempre houve uma controvérsia entre os conceitos de espécie e também sobre qual deles é o mais adequado. Além do conceito biológico, o autor descreve o conceito fenético de espécie, o qual analisa os caracteres observáveis ou mensuráveis de um organismo. Isso inclui a escala microscópica e também a fisiológica de abordagem.

É também descrito o conceito ecológico de espécie, pelo qual as espécies podem ser distinguidas pelo compartilhamento de um nicho ecológico. Segundo o autor, o conceito ecológico de espécie considera que os processos ecológicos e evolutivos regem naturalmente a divisão dos recursos e propiciam a formação de agrupamentos. Por meio deles, os indivíduos estão adaptados ao seu hábitat natural e, por conseguinte, sentem-se tentados a explorá-los. O autor considera, ainda, que a exclusão competitiva sustenta as diferenças entre as espécies.

Na natureza, os organismos formam grupos de indivíduos da mesma espécie, denominados populações (Ricklefs, 2012). Por sua vez, as populações têm características específicas, chamadas também de propriedades, que são a densidade, a natalidade, a mortalidade, a distribuição etária, a variação genética, entre outras (Odum, 2013).

No ambiente natural, as populações se distribuem ao longo de gradientes ambientais que agregam os fatores (abiótico e biótico) descritos no Quadro 1.1, sendo que seu sucesso de perpetuação no hábitat depende de como elas se adaptam a esses fatores e conseguem (ou não) manter o sucesso reprodutivo.

Quadro 1.1 – Fatores abióticos e bióticos

| Fatores abióticos | Fatores bióticos |
|---|---|
| Temperatura, altitude, tipo de solo, umidade, disponibilidade de água, declividade, vento, tamanho da área | Predadores, presas e suas relações de competição, alimento etc. |

No caso do Brasil, os ecossistemas apresentam imensa heterogeneidade em relação a esses fatores, oferecendo uma faixa bastante generosa de gradientes ambientais. Essa faixa favorece a oferta de hábitats para uma grande variedade de populações e, por sua vez, para a diversidade biológica.

Em termos gerais, podemos compreender a diversidade biológica como a riqueza de espécies (número de espécies) presente numa dada unidade geográfica definida (Begon; Harper; Townsend, 2010).

A distribuição das espécies e suas populações em um ecossistema não é homogênea. Algumas populações são dominantes em termos de abundância, ou seja, em número de indivíduos; outras são naturalmente raras, com baixa densidade populacional.

Assim, a diversidade de espécies apresenta dois componentes básicos que devem ser considerados: 1) a riqueza – ou seja, o número de espécies num dado ecossistema – e 2) a uniformidade – que corresponde à distribuição da abundância relativa entre as espécies (Ludwig; Reynolds, 1988).

> **Síntese**
>
> Neste capítulo, abordamos os números que apontam o estado atual de conhecimento das espécies existentes em nosso planeta. Além disso, fizemos comparações, abordando pontos congruentes e divergentes entre os conceitos biológico, filogenético e ecológico de espécie, e estudamos os pontos-base do conceito de diversidade biológica.
>
> O estudo desses conceitos será a base estrutural das nossas abordagens nos próximos capítulos.

## Questões para revisão

1. Assinale as afirmativas a seguir como verdadeiras (V) ou falsas (F). Depois, marque a alternativa que contém a sequência correta:
   ( ) A descoberta de um novo mamífero (olinguito), publicada em 2013 pelos taxonomistas, não é um evento importante para o estudo de riqueza de espécies, pois descobertas como essa são frequentes para aquele grupo.
   ( ) Padrões como forma do corpo, similaridade, ancestralidade genética e metabólica, desenvolvimento e comportamento podem, se analisados em conjunto, determinar uma espécie.
   ( ) Taxonomia é a ciência que se ocupa da classificação dos organismos dentro de agrupamentos.
   ( ) Para determinação de subespécies e híbridos naturais, é necessário que, antes, os taxonomistas classifiquem um organismo no nível de espécie.
   ( ) As relações genealógicas das espécies, que buscam classificá-las segundo suas relações comuns de ancestralidade, são chamadas de taxonomia clássica.
   a. F, V, V, F, F.
   b. V, V, V, F, F.
   c. F, V, V, V, F.
   d. F, F, V, V, F.

## O conhecimento da biodiversidade

2. Assinale as afirmativas a seguir como verdadeiras (V) ou falsas (F). Depois, marque a alternativa que contém a sequência correta:

   ( ) Com relação à classificação de espécies, os sistematas passaram a considerar as características evolutivas dos indivíduos após o darwinismo.

   ( ) O modo tipológico de classificação de espécies utilizado por Lineu, no qual os indivíduos considerados pertencentes a uma mesma espécie seriam aqueles que compartilhassem as mesmas características tipológicas, é conhecido como filogenética.

   ( ) Segundo o conceito ecológico de espécie, as espécies podem ser distinguidas pelo compartilhamento de um nicho ecológico na natureza.

   ( ) Na natureza, os organismos formam grupos de indivíduos da mesma espécie, denominados comunidades biológicas.

   ( ) Num ambiente natural, fatores como relevo, tipo de solo, umidade relativa do ar, temperatura e disponibilidade de água podem determinar a distribuição geográfica das populações silvestres.

   a. V, V, F, V, F.
   b. V, F, V, F, V.
   c. V, V, V, V, V.
   d. F, F, F, V, F.

3. Assinale as afirmativas a seguir como verdadeiras (V) ou falsas (F). Depois, marque a alternativa que contém a sequência correta:

   ( ) Na natureza, os ecossistemas que têm grande heterogeneidade de fatores ambientais desfavorecem a riqueza de espécies, apresentando baixa diversidade biológica.

   ( ) A diversidade de espécies apresenta dois componentes básicos: a riqueza e a uniformidade.

   ( ) O total geral de espécies catalogadas e previstas para os ambientes terrestres é maior do que para os oceanos.

   ( ) Todas as espécies vivas no planeta já estão catalogadas pela ciência. É necessário, atualmente, apenas conferir se elas realmente são espécies ou se devem ser categorizadas como subespécies ou híbridos naturais.

( ) O total geral de espécies conhecidas de plantas é maior do que o de animais.

a. F, V, V, F, F.
b. F, F, V, F, F.
c. F, V, F, V, F.
d. F, V, V, V, F.

4. Como a filogenética aborda o conceito de espécie?
5. Quais são os grupos de organismos que tem maiores lacunas no conhecimento do seu número de espécies?

## Questão para reflexão

Apesar das grandes conquistas relacionadas ao avanço científico nas últimas décadas, por que ainda hoje encontramos tanta dificuldade em afirmar o número exato de espécies que habitam a Terra?

## Para saber mais

Edward Wilson é conhecido no mundo todo por suas teorias sobre a biodiversidade. Na obra Diversidade da vida, o autor descreve os processos adaptativos responsáveis pela criação de novas espécies e analisa os processos que, ao longo da história do planeta Terra, causaram a interrupção total ou parcial da evolução de algumas delas. Além disso, o estudioso aponta um novo processo de interrupção da biodiversidade na Terra, dessa vez causado pelo homem, que pode não ter condições de reparo. Para saber mais, leia a obra completa:

WILSON, E. O. Diversidade da vida. São Paulo: Cia. das Letras, 2012.

# Capítulo 2

# Os componentes da diversidade biológica

## Conteúdos do capítulo
K   A diversidade biológica: sua definição e seus componentes.
K   As categorias de ameça de extinção de espécies.

## Após o estudo deste capítulo, você será capaz de:
1. conhecer a definição do termo diversidade biológica e seus principais componentes de análise;
2. conhecer as principais categorias de ameaça de extinção das espécies segundo a União Internacional para Conservação da Natureza.

A diversidade biológica apresenta vários componentes que devem ser levados em conta quando a analisamos com o fim de traçarmos metas para gestão. Os principais deles dizem respeito à escala pela qual a diversidade é considerada, a qual pode abranger:

- a diversidade genética: para a qual o componente principal de análise é a população;
- a diversidade taxonômica: para a qual o componente principal de análise são as espécies;
- a diversidade ecológica: para a qual o componente principal de análise é o ecossistema.

A Figura 2.1 mostra três escalas de abordagem da diversidade biológica, destacando os principais componentes de análise para a gestão da biodiversidade nos respectivos níveis hierárquicos.

Figura 2.1 – Padrões de hierarquia dos níveis de análise de diversidade

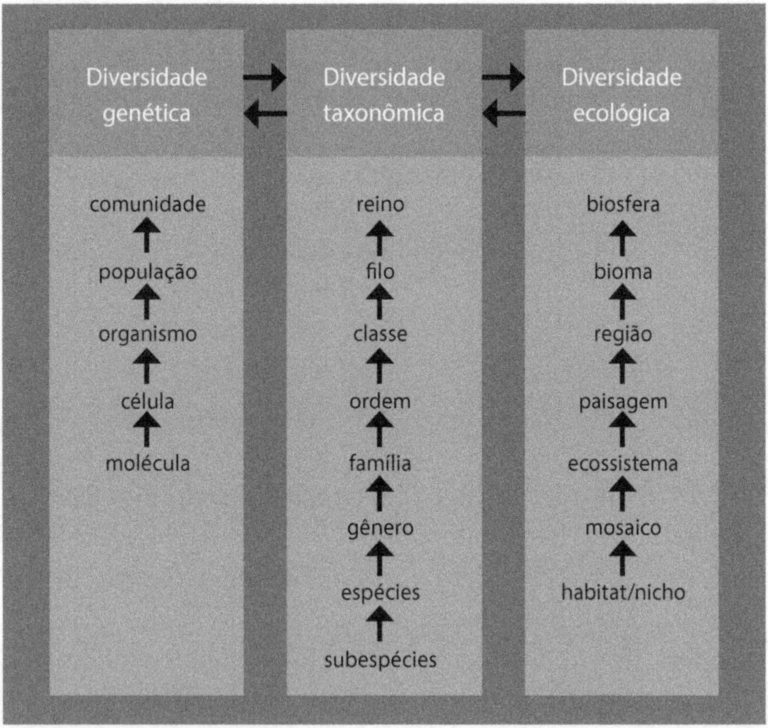

| Diversidade genética | Diversidade taxonômica | Diversidade ecológica |
|---|---|---|
| comunidade ↑ população ↑ organismo ↑ célula ↑ molécula | reino ↑ filo ↑ classe ↑ ordem ↑ família ↑ gênero ↑ espécies ↑ subespécies | biosfera ↑ bioma ↑ região ↑ paisagem ↑ ecossistema ↑ mosaico ↑ habitat/nicho |

Fonte: Garay, 2001, p. 400.

## Os componentes da diversidade biológica

Se analisarmos com maior atenção os níveis de hierarquia dos componentes da diversidade biológica da Figura 2.1, notaremos que não há dissociação entre eles – assim, a gestão da biodiversidade deve atuar de forma a contemplar a característica sistêmica dos ambientes naturais.

Consideremos ainda que as medidas de diversidade que incorporam informações referentes às correlações filogenéticas das espécies, bem como suas características funcionais, contribuem de maneira significativa para a compreensão das comunidades silvestres.

Com isso, Cianciaruso, Silva e Batalha (2009) enfatizam a importância da agregação das abordagens da diversidade filogenética e da diversidade funcional às medidas de diversidade. Eles definem diversidade filogenética como "uma medida de diversidade que incorpora as relações filogenéticas das espécies" (Cianciaruso; Silva; Batalha, 2009, p. 95) e a diversidade funcional como "o valor e a variação das espécies e de suas características que influenciam o funcionamento das comunidades" (Cianciaruso; Silva; Batalha, 2009, p. 95).

De acordo com Faith (1992), se agregada às medidas tradicionais de diversidade, a medida de diversidade filogenética é capaz de fixar prioridades de conservação diferenciadas e proteger um maior número de espécies.

Como as interações na natureza ocorrem de forma muito complexa, é mais prático estabelecer níveis hierárquicos para compreendê-las. Se a diversidade está presente em qualquer nível, podemos, então, pensar em qual deles ela está mais vulnerável.

Hierarquicamente, vemos que os ecossistemas guardam todos a heterogeneidade de hábitats de uma região – sendo assim, se pensarmos em conservação da diversidade, devemos resguardá-los, garantindo preservar sua integridade. Assim como Capra (1996), Garay (2001) também afirma a importância da avaliação da integridade funcional dos ecossistemas como forma de garantir a conservação da biodiversidade intrassistêmica.

A autora ainda alerta sobre a importância do reconhecimento dos aspectos complementares da análise dos ecossistemas, fazendo referência, principalmente, a duas situações:

1. diversidade interecossistêmica existente em uma região ou microrregião, dentro do limite de um dado bioma;
2. diversidade intraecossistêmica, que analisa a diversidade dentro de um dado ecossistema (Garay, 2001).

Sendo feita a comparação dentro de um mesmo ecossistema ou entre ecossistemas distintos, devemos ter em mente que existem múltiplas variáveis que se interconectam para favorecer uma alta taxa de biodiversidade local ou mesmo regional.

Em uma análise ecológica da natureza, há um consenso entre os pesquisadores de que um bom indicador de ambiente com alta taxa de diversidade seria a variabilidade ou heterogeneidade de ambientes existentes dentro de um ecossistema. Entre esses fatores, são reconhecidos com destaque o baixo impacto, a conservação das bacias hidrográficas e suas microbacias correlacionadas, a conservação dos solos, a localização geográfica do ecossistema, sua extensão e suas zonas de contato com outros tipos de ecossistemas, formando áreas de transição que constituem gradientes ecotonais importantes (Ricklefs, 2012; Odum, 2013).

É fato conhecido pelas ciências naturais que a diversidade biológica aumenta conforme aproximamos nossa análise desde altas latitudes até o Equador. A variação climática é apontada como um dos fatores preponderantes dos ambientes tropicais – tem média pluviométrica anual maior do que 1.000 mm, o que favorece a alta diversidade. Além da variação climática, outros fatores que influenciam na riqueza de espécies são os distúrbios e seus efeitos nas comunidades biológicas (processos de colonização e recolonização e capacidade de resiliência dos hábitats), a idade ambiental (tempo e processos evolutivos), área dos hábitats e grau de isolamento (Begon; Harper; Townsend, 2010).

Sabe-se também que a diversidade tende a reduzir em comunidades biológicas que sofrem estresse (climas severos com períodos prolongados de seca, inundação ou frio intenso), fatores que ocorrem mais comumente em áreas subtropicais e temperadas (Odum, 2013).

Ao mesmo tempo, Wilson e Peter (1997) apontam a fragilidade dos ambientes tropicais, que apresentam solos ácidos e pouco férteis e com alta lixiviação dos nutrientes em decorrência das chuvas abundantes.

Num contexto global, para definir a diversidade, Ricklefs (2012) a divide em:

- Diversidade alfa: Como é conhecida a diversidade local.
- Diversidade gama: A diversidade regional, ou seja, aquela que corresponde ao número total de espécies observadas em todos os hábitats de uma determinada região.
- Diversidade beta: Quando ocorre a variação de espécies conforme a mudança de hábitat ou variação ambiental de qualquer natureza.

Segundo Primack e Rodrigues (2001), na prática, essas três formas de diversidade estão altamente correlacionadas e há preferência dos pesquisadores envolvidos com os aspectos conservacionistas para uma definição mais ampla e genérica da diversidade biológica.

Atualmente, como apontam Brewer (1994) e também Begon, Harper e Townsend (2010), a maioria dos ecólogos acredita que a diversidade responde à estrutura do hábitat, com o qual se correlaciona intensamente, e atinge um valor de equilíbrio entre os processos de adição e subtração de espécies.

## 2.1 O processo de extinção de espécies

Com base nos registros fossilíferos de estudos paleontológicos, as primeiras evidências de vida conhecidas datam de aproximadamente 3,35 bilhões de anos. A partir daí, as formas de vida se diversificaram com o surgimento de novos grupos, evidenciados pela existência de abundantes registros fósseis de animais e vegetais no período Fanerozoico, o que possibilitou a divisão das eras Paleozoica (vida antiga), Mesozoica (vida intermediária) e Cenozoica, considerada como sendo a vida moderna (Popp, 1998).

Segundo Ricklefs (2012), a diversidade permaneceu constante dentro de alguns grupos durante os últimos 65 milhões de anos, aumentando especificamente nos grupos das plantas fanerógamas, dos peixes, das aves e dos mamíferos.

Nesse contexto, de acordo com Myers et al. (2000), as florestas tropicais abrigam os ecossistemas com maior diversidade de espécies do planeta. Os autores afirmam também que tais florestas cobrem cerca de 7% da superfície terrestre e que as estimativas são de que contenham pelo menos 50% de todas as espécies existentes. O problema é que elas estão sendo dizimadas mais rapidamente do que quaisquer outras zonas ecológicas.

Para Ehrlich (1997), a causa básica do processo de extinção seria a destruição dos hábitats naturais das espécies, provocada essencialmente pela expansão da população humana para o desenvolvimento de suas atividades. O autor considera também que o desaparecimento de populações com distinções genéticas dentro de espécies é tão importante quanto o desaparecimento de toda uma espécie. Para ele, seria extremamente difícil interromper a perda da diversidade de maneira global.

As palavras de Ehrlich (1997) foram bastante contundentes para a época e são ainda muito atuais no contexto da abordagem que tem por objetivo estudar as causas da perda da diversidade biológica.

A taxa acelerada de destruição dos hábitats tropicais levantou um sinal de alerta para os conservacionistas, que se mobilizaram para mostrar ao mundo que a faixa tropical do planeta abriga a maior diversidade biológica que existe.

Pensando nisso, Myers et al. (2000) publicaram uma lista com os 25 pontos com maior biodiversidade no mundo, designando tais áreas como hotspots de diversidade. A lista incluiu dois biomas brasileiros: o Cerrado e a Mata Atlântica. Os autores também consideram os hotspots como pontos de grande endemismo de espécies e como áreas com grande risco de degradação e de extinção.

Para ordenar a classificação das espécies ameaçadas de extinção no planeta, a União Internacional para Conservação da Natureza (International

Union for Conservation of Nature – IUCN) criou uma Lista Vermelha[1] com contribuição de pesquisadores de todo o mundo e que tem sido utilizada como parâmetro nos trabalhos de conservação da biodiversidade. Essa lista é constantemente atualizada conforme o banco de dados da IUCN é alimentado.

Para garantir a compreensão do grau de ameaça das espécies, foram criadas diretrizes que definem categorias que indicam se os táxons se encontram muito ou pouco ameaçados.

Quadro 2.1 – Categorias de ameaça

| Sigla | Categoria de ameaça |
|---|---|
| Ex | Extinto |
| Ew | Extinto em estado silvestre |
| Cr | Em perigo crítico |
| En | Em perigo |
| Vu | Vulnerável |
| Nt | Quase ameaçado |
| Lc | Preocupação menor |
| Dd | Dados insuficientes |
| Ne | Não avaliado |

Fonte: IUCN, 2012.

O grau de ameaça de uma espécie, ou mesmo sua vulnerabilidade, pode ser suficiente para impedir uma determinada obra que gere impactos ambientais significativos ou para definir áreas prioritárias para conservação. Por isso, consideramos importante que o gestor de biodiversidade conheça o significado e o embasamento considerado para o elenco de cada categoria de ameaça, conforme prescrito pela IUCN (2012). Desse modo, trabalharemos com as definições da União Internacional a partir deste momento. Apresentaremos, de forma agrupada, no Quadro 2.2, algumas definições de categorias. Posteriormente trataremos, de forma separada, as definições "em perigo crítico", "em perigo", "vulnerável" e "dados

---
[1] Essa lista pode ser acessada no site: <www.iucn.org>. Acesso em: 20 set. 2014.

insuficientes", não porque são mais importantes, mas porque consideramos que, para fins desta obra, elas merecem maiores detalhes.

Quadro 2.2 – Categorias e definições de ameaças ambientais

| Categoria | Definição |
|---|---|
| Extinto (Ex) | Um táxon está extinto quando não há dúvidas de que o último indivíduo existente esteja morto. Presume-se que um táxon está extinto quando não se conseguiu detectar nenhum indivíduo durante a realização de prospecções exaustivas de seus hábitats, conhecidos ou esperados, em momentos apropriados (diários, estacionais ou anuais) e ao longo de sua área de distribuição histórica. As prospecções deverão ser realizadas em períodos de tempo apropriados ao ciclo de vida e às formas de vida do táxon. |
| Extinto em estado silvestre (Ew) | Um táxon está extinto em estado silvestre quando só sobrevive em cultivos, de forma cativa ou como populações naturalizadas completamente fora de sua distribuição original. Se presume que um táxon está extinto em estado silvestre quando não se detectou nenhum indivíduo após a realização de prospecções exaustivas de seus hábitats, conhecidos ou esperados, nos momentos apropriados (diários, estacionais, anuais) e ao longo de sua área de distribuição histórica. As prospecções deverão ser realizadas nos períodos de tempo apropriados ao ciclo de vida e às formas de vida do táxon. |
| Quase ameaçado (Nt) | Um táxon está quase ameaçado quando foi avaliado e não satisfez os critérios das categorias em perigo crítico, em perigo ou vulnerável. Porém, está próximo a satisfazer os critérios ou possivelmente os satisfaça num futuro próximo. |
| Preocupação menor (Lc) | Considera-se um táxon como sendo de preocupação menor quando, após ser avaliado, ele não cumprir nenhum dos critérios que definem a categoria de quase ameaçado. Incluem-se nessa categoria táxons abundantes e de ampla distribuição. |
| Não Avaliado (Ne) | Um táxon é considerado não avaliado quando ainda não foi classificado por qualquer critério. |

Fonte: Adaptado de IUCN, 2012.

## 2.1.1 Em perigo crítico (Cr)

Um táxon é considerado em perigo crítico quando a melhor evidência disponível indica que cumpre qualquer um dos critérios "A" a "E" (disponibilizados

## Os componentes da diversidade biológica

nesta seção) e, por conseguinte, que está enfrentando um risco de extinção extremamente alto no estado de vida silvestre.

Critério A: Redução do tamanho da população baseada em qualquer dos seguintes pontos:

1. A população sofreu uma redução, observada, estimada, inferida ou suspeita ≥ 90%, nos últimos 10 anos ou em três gerações. Depende de qual seja o período maior em que se pode demonstrar que as causas da redução são claramente reversíveis e compreendidas e que cessaram, baseando-se e cumprindo ao menos uma das seguintes opções:

   a) Observação direta.
   b) Índice de abundância apropriado para o táxon.
   c) Redução da área de ocupação, extensão de presença e/ou qualidade do hábitat.
   d) Níveis de exploração reais ou potenciais.
   e) Efeitos de táxons introduzidos, hibridação, patógenos, contaminantes.
   f) competidores ou parasitas.

2. A população sofreu uma redução, observada, estimada, inferida ou suspeita ≥ 80%, nos últimos 10 anos ou em três gerações. Depende de qual seja o período maior, em que essa redução ou suas causas podem não haver cessado, ou não podem ser entendidas, ou não são reversíveis, baseando-se e cumprindo ao menos uma das opções "a" a "e" mencionadas no item A1.

3. Uma redução da população ≥ 80% que, se projeta ou se suspeita, será alcançada nos próximos 10 anos ou três gerações. Depende de qual seja o período maior (até um máximo de 100 anos), baseando-se e cumprindo ao menos uma das opções "b" a "e" mencionadas no item A1.

4. Uma redução da população, observada, estimada, inferida ou suspeita ≥ 80%, em um período de 10 anos ou três gerações. Depende de qual seja o período maior (até um máximo de 100 anos), em que o período de tempo deve incluir o passado e o futuro e a redução ou suas causas podem não ter cessado, ou podem não ser entendidas,

ou podem ser irreversíveis, baseando-se e cumprindo ao menos uma das opções "a" a "e" mencionadas no item A1.

Critério B: Distribuição geográfica na forma B1 (extensão de presença) ou B2 (área de ocupação) ou ambas.

1. Extensão de presença estimada menor que 100 km² e estimativas indicando o cumprimento de, ao menos, os pontos "a" a "c" a seguir:
   a) Severamente fragmentada ou conhecida em apenas uma localidade.
   b) Diminuição contínua, observada, inferida ou projetada em qualquer dos seguintes aspectos:
      M extensão de presença;
      M área de ocupação;
      M área, extensão e/ou qualidade do hábitat;
      M número de localidades ou subpopulações;
      M número de indivíduos maduros.
   c) Flutuações extremas em qualquer dos seguintes aspectos:
      M extensão de presença;
      M área de ocupação;
      M número de localidades ou subpopulações;
      M número de indivíduos maduros.

2. Área de ocupação estimada menor do que 10 km² e estimativas indicando o cumprimento de, ao menos, dois dos pontos "a" a "c" a seguir:
   a) Severamente fragmentada ou conhecida em apenas um local.
   b) Diminuição contínua observada, inferida ou projetada em qualquer dos seguintes aspectos:
      M extensão de presença;
      M área de ocupação;
      M área, extensão e/ou qualidade do hábitat;
      M número de locais ou subpopulações;
      M número de indivíduos maduros.
   c) Flutuações extremas em qualquer dos seguintes aspectos:
      M extensão de presença;

## Os componentes da diversidade biológica

- M área de ocupação;
- M área, extensão e/ou qualidade do hábitat;
- M número de indivíduos maduros.

Critério C: Tamanho da população estimada em menos de 250 indivíduos maduros e que já seja:

1. uma diminuição contínua estimada de, ao menos, 25% em um período de três anos ou uma geração com período maior (até um máximo de 100 anos no futuro).
2. uma diminuição contínua, observada, projetada, ou inferida, no número de indivíduos maduros e ao menos um dos seguintes subcritérios "a" a "b" a seguir:

    a) Estrutura populacional em uma das seguintes formas:
    - M se estima que nenhuma população contenha mais do que 50 indivíduos maduros;
    - M pelo menos 90% dos indivíduos maduros estão em uma subpopulação;

    b) Flutuações extremas no número de indivíduos maduros.

Critério D: Se estima que o tamanho da população é menor do que 50 indivíduos maduros.

Critério E: A análise quantitativa mostra que a probabilidade de extinção no estado de vida silvestre é de, ao menos, 50% dentro de 10 anos ou três gerações, dependendo de qual seja o período maior (até no máximo 100 anos).

### 2.1.2 Em perigo (En)

Um táxon está em perigo quando a melhor evidência disponível indica que cumpre qualquer um dos critérios "A" a "E" listados a seguir e, por conseguinte, considera-se que está enfrentando um risco de extinção muito alto no estado de vida silvestre.

Critério A: Redução do tamanho da população baseada em qualquer dos seguintes pontos.

1. A população sofreu uma redução, observada, estimada, inferida ou suspeita ≥ 70%, nos últimos 10 anos ou em três gerações. Depende de qual seja o período maior que se pode demonstrar em que as causas da redução são claramente reversíveis e compreendidas e que cessaram, baseando-se e cumprindo ao menos uma das seguintes opções:
    a) Observação direta.
    b) Índice de abundância apropriado para o táxon.
    c) Redução da área de ocupação, extensão de presença e/ou qualidade do hábitat.
    d) Níveis de exploração reais ou potenciais.
    e) Efeitos de táxons introduzidos, hibridação, patógenos, contaminantes, competidores ou parasitas.
2. A população sofreu uma redução, observada, estimada, inferida ou suspeita ≥ 50%, nos últimos 10 anos ou em três gerações. Depende de qual seja o período maior, em que essa redução ou suas causas podem não haver cessado, ou não podem ser entendidas, ou não são reversíveis, baseando-se e cumprindo ao menos uma das opções entre "a" e "e" mencionadas no item A1.
3. Uma redução da população ≥ 50% que, se projeta ou se suspeita, será alcançada nos próximos 10 anos ou três gerações. Depende de qual seja o período maior (até um máximo de 100 anos), baseando-se e cumprindo ao menos uma das opções "b" a "e" mencionadas no item A1.
4. Uma redução da população, observada, estimada, inferida, ou suspeita ≥ 50%, em um período de 10 anos ou três gerações. Depende de qual seja o período maior (até um máximo de 100 anos no futuro), sendo que o período de tempo deve incluir o passado e o futuro. A redução ou suas causas podem não haver cessado, ou não ser compreendidas, ou ser irreversíveis, baseando-se no cumprimento de, ao menos, uma das opções "a" a "e" mencionadas no item A1.

Critério B: Distribuição geográfica na forma B1 (extensão de presença) ou B2 (área de ocupação) ou ambas:

## Os componentes da diversidade biológica

1. Extensão de presença estimada menor que 5000 km² e estimativas indicando o cumprimento de, ao menos, os pontos "a" a "c":
    a) Severamente fragmentada ou conhecida ou se sabe que não existe em mais do que cinco locais.
    b) Diminuição contínua, observada, inferida ou projetada em qualquer dos seguintes aspectos:
        M extensão de presença;
        M área de ocupação;
        M área, extensão e/ou qualidade do hábitat;
        M número de localidades ou subpopulações;
        M número de indivíduos maduros.
    c) Flutuações extremas em qualquer dos seguintes aspectos:
        M extensão de presença;
        M área de ocupação;
        M número de localidades ou subpopulações;
        M número de indivíduos maduros.
2. Área de ocupação estimada menor do que 500 km² e estimativas indicando o cumprimento de, ao menos, dois dos pontos "a" a "c":
    a) Severamente fragmentada ou se sabe que não existe em mais do que cinco locais.
    b) Diminuição contínua, observada, inferida ou projetada em qualquer dos seguintes aspectos:
        M extensão de presença;
        M área de ocupação;
        M área, extensão e/ou qualidade do hábitat;
        M número de localidades ou subpopulações;
        M número de indivíduos maduros.
    c) Flutuações extremas em qualquer dos seguintes aspectos:
        M extensão de presença;
        M área de ocupação;
        M número de localidades ou subpopulações;

M número de indivíduos maduros.

Critério C: Tamanho da população estimada em menos de 2500 indivíduos maduros e já seja:

1. Uma diminuição contínua estimada de, ao menos, 20% em um período de cinco anos ou duas gerações, segundo a qual seja o período maior (no máximo de 100 anos no futuro).
2. Uma diminuição contínua, observada, projetada ou inferida no número de indivíduos maduros e ao menos um dos seguintes subcritérios "a" ou "b":
    a) Estrutura populacional em uma das seguintes formas:
        M se estima que nenhuma subpopulação contenha mais do que 250 indivíduos maduros;
        M pelo menos 95% dos indivíduos maduros estejam em uma subpopulação.
    b) Flutuações extremas no número de indivíduos maduros.

Critério D: Se estima que o tamanho da população é menor do que 250 indivíduos maduros.

Critério E: A análise quantitativa mostra que a probabilidade de extinção no estado de vida silvestre é de, pelo menos, 20% dentro de 20 anos ou cinco gerações, dependendo do maior período (até no máximo 100 anos).

### 2.1.3 Vulnerável (Vu)

Um táxon é considerado vulnerável quando a melhor evidência disponível indica que cumpre qualquer dos critérios de "A" a "E" a seguir e, por conseguinte, considera-se que está enfrentando um risco de extinção alto no seu estado de vida silvestre.

Critério A: Redução do tamanho da população baseada em qualquer dos seguintes pontos:

1. A população sofreu uma redução, observada, estimada, inferida, ou suspeita ≥ 50%, nos últimos 10 anos ou em três gerações. Depende de qual seja o período maior em que se pode demonstrar que as causas da redução são claramente reversíveis e compreendidas e

## Os componentes da diversidade biológica

que cessaram, baseando-se e cumprindo ao menos uma das seguintes opções:

a) Observação direta.

b) Índice de abundância apropriado para o táxon.

c) Redução da área de ocupação, extensão de presença e/ou qualidade do hábitat.

d) Níveis de exploração reais ou potenciais.

e) Efeitos de táxons introduzidos, hibridação, patógenos, contaminantes, competidores ou parasitas.

2. A população sofreu uma redução, observada, estimada, inferida ou suspeita ≥ 30%, nos últimos 10 anos ou em três gerações. Depende de qual seja o período maior, no qual essa redução, ou suas causas, podem não haver cessado, ou não podem ser entendidas, ou não são reversíveis, cumprindo ao menos uma das opções "a" a "e" mencionadas no item A1.

3. Uma redução da população ≥ 30% que, se projeta ou se suspeita, será alcançada nos próximos 10 anos ou três gerações. Depende de qual seja o período maior (até um máximo de 100 anos), cumprindo ao menos uma das opções "b" a "e" mencionadas no item A1.

4. Uma redução da população observada, estimada, inferida, ou suspeita ≥ 30%, em um período de 10 ou três gerações, dependendo de qual seja o período maior (até um máximo de 100 anos no futuro). O período de tempo deve incluir o passado e o futuro e a redução, ou suas causas, podem não haver cessado, ou podem não ser compreendidas, ou pode ser irreversíveis, baseando-se no cumprimento de, ao menos, uma das opções "a" a "e" mencionadas no item A1.

Critério B: Distribuição geográfica na forma B1 (extensão de presença) ou B2 (área de ocupação) ou ambas:

1. Extensão de presença estimada menor que 20.000 km² e estimativas indicando o cumprimento de, ao menos, os pontos "a" a "c":

    a) Severamente fragmentada ou conhecida ou se sabe que não existe em mais do que 10 locais.

    b) Diminuição contínua, observada, inferida ou projetada, em qualquer dos seguintes aspectos:

- M extensão de presença;
- M área de ocupação;
- M área, extensão e/ou qualidade do hábitat;
- M número de localidades ou subpopulações;
- M número de indivíduos maduros.

c) Flutuações extremas em qualquer dos seguintes aspectos:
- M extensão de presença;
- M área de ocupação;
- M número de localidades ou subpopulações;
- M número de indivíduos maduros.

2. Área de ocupação estimada menor do que 2.000 km² e estimativas indicando o cumprimento de, ao menos, dois dos pontos "a" a "c":

a) Severamente fragmentada ou se sabe que não existe em mais do que 10 locais.

b) Diminuição contínua, observada, inferida ou projetada em qualquer dos seguintes aspectos:
- M extensão de presença;
- M área de ocupação;
- M área, extensão e/ou qualidade do hábitat;
- M número de localidades ou subpopulações;
- M número de indivíduos maduros.

c) Flutuações extremas em qualquer dos seguintes aspectos:
- M extensão de presença;
- M área de ocupação;
- M número de localidades ou subpopulações;
- M número de indivíduos maduros.

Critério C: Tamanho da população estimada em menos de 10.000 indivíduos maduros e já seja:

1. Uma diminuição contínua estimada de, ao menos, 10% em um período de cinco anos ou duas gerações, segundo a qual seja o período maior (no máximo de 100 anos no futuro).

2. Uma diminuição contínua, observada, projetada ou inferida no número de indivíduos maduros e, ao menos, um dos seguintes sub-critérios "a" a "b":

   a) Estrutura populacional em uma das seguintes formas:
   
   M se estima que nenhuma subpopulação contenha mais do que 1000 indivíduos maduros;
   
   M todos (100%) dos indivíduos maduros estejam em uma subpopulação.
   
   b) Flutuações extremas no número de indivíduos maduros.

Critério D: População muito pequena ou restrita em alguma das seguintes formas:

1. Tamanho da população estimado menor do que 1000 indivíduos maduros.

2. População com área de ocupação (tipicamente menor que 20 $km^2$) ou número de localidades (usualmente 5 ou menos) muito restritas. Ela está vulnerável aos efeitos da atividade humana ou a eventos fortuitos dentro de um período de tempo muito curto, com futuro incerto. É, por conseguinte, capaz de mudar para a categoria em perigo crítico (Cr) e, inclusive, a extinto (Ex) em um período de tempo muito curto.

Critério E: A análise quantitativa mostra que a probabilidade de extinção no estado de vida silvestre é de, ao menos, 10% dentro de 100 anos.

### 2.1.4 Dados insuficientes (Dd)

Um táxon é considerado detentor de dados insuficientes quando não há informações adequadas para se fazer uma avaliação direta ou indireta de seu risco de extinção, baseando-se na sua distribuição e/ou nas condições de sua população. A IUCN considera ainda que um táxon pode ser incluído nessa categoria se, ainda que seja bem estudado e que sua biologia seja bem conhecida, houver carência de dados apropriados sobre sua abundância e/ou distribuição. Portanto, dados insuficientes não é uma categoria de ameaça.

Ao incluir um táxon nessa categoria, indica-se o requerimento de mais informações e se reconhece a possibilidade de que investigações futuras demonstrem uma classificação apropriada de ameaça. É importante fazer uso efetivo de qualquer informação disponível e, em muitos casos, muito cuidado será necessário entre se classificar o táxon entre os dados insuficientes e uma condição de ameaça mais séria.

Se há suspeita de que a distribuição de um táxon está relativamente circunscrita, e se houver transcorrido um período considerável de tempo desde o último registro do táxon, a condição de ameaçado pode estar bem justificada.

## 2.2 Diversidade genética

Todas as espécies provêm de um ancestral, que forneceu hereditariamente sua carga genética aos seus descendentes, contribuindo para a passagem das características adaptativas de geração à geração. Qualquer espécie existente tem um conjunto de genes selecionados segundo o processo de adaptação às mudanças intrínsecas ao meio natural, numa sequência contínua de eventos.

Uma espécie, portanto, é portadora de um conjunto de genes e, por conseguinte, de uma diversidade de alelos que se formaram pelas combinações nos cruzamentos intraespecíficos. É assim que chegam aos descendentes: pela submissão de um processo denominado seleção natural. Esses descendentes manterão a heterozigose da espécie, gerando novos indivíduos. Por conseguinte, tanto a variabilidade genética quanto as chances de adaptação de seus representantes aumentam.

Com o passar do tempo, uma linhagem genética pode derivar, formando outras espécies, as quais descendem de um ancestral comum. Além disso, podem ser relacionadas filogeneticamente, como ilustra a Figura 2.2. Nela, vemos o desenho do caderno de anotações de Darwin da série Transmutações das Espécies, mostrando de forma bem simplificada o que seria sua visão sobre a união entre os elos de ancestralidade das espécies em uma espécie de árvore evolutiva rudimentar.

Figura 2.2 – Desenho do caderno de anotações de Darwin

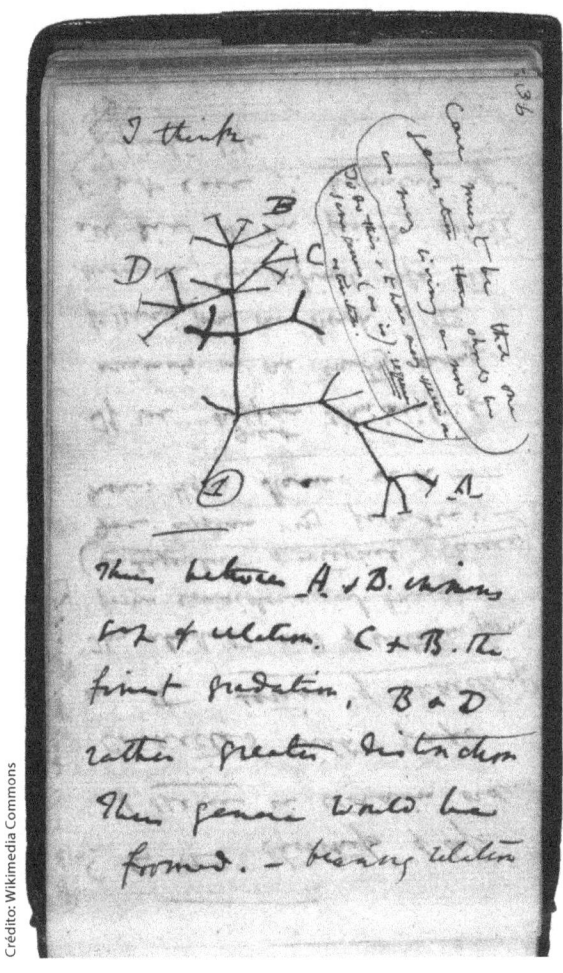

Ambientes com uma grande variedade de espécies, como as florestas tropicais, têm grande "estoque gênico" contido em suas populações de animais, plantas e microrganismos. Quando tais populações estiverem ameaçadas pela baixa densidade, esse estoque estará igualmente ameaçado pela perda da variabilidade genética herdada pelos indivíduos que compunham aquele grupo. Quando uma espécie se extingue, desaparece conjuntamente todo o pool gênico. Consequentemente, há perda perpétua de toda história hereditária daquela espécie.

De forma oposta, as espécies, quando mantidas em seu hábitat natural, sem distúrbio, têm todas as oportunidades de completar seu ciclo evolutivo e perpetuar suas populações, as quais auxiliam o ecossistema a manter seus processos ecológicos e suas funções, incluindo o fornecimento de hábitat sadio às comunidades silvestres.

## 2.3 A viabilidade das populações na natureza

Em termos gerais, qual seria o número mínimo de indivíduos para garantir a sobrevivência da população no futuro, garantindo também a variabilidade genética da espécie?

Segundo Primack e Rodrigues (2001), há um grupo de estudiosos da vida silvestre que afirmam que, para vertebrados, populações com 500 a 1000 indivíduos seria um número ideal para proteção – quantidade que asseguraria a variabilidade genética e a capacidade de resiliência da população após eventos catastróficos. Os autores também vinculam a viabilidade das populações com número mínimo de indivíduos à extensão do hábitat no qual tais populações vivem. Podemos concluir, então, que a redução e/ou a fragmentação das áreas naturais interferem não apenas na viabilidade da população em longo prazo, mas também na manutenção da variabilidade genética da espécie.

Hábitats isolados e de tamanho pequeno são capazes de abrigar apenas populações pequenas, cujos indivíduos têm oportunidade de trocar material genético com parceiros congêneres, ou seja, parentes muito próximos, o que reduziria drasticamente a heterozigosidade em poucas gerações. Se não houver a possibilidade de os indivíduos migrarem para

## Os componentes da diversidade biológica

áreas com condições ecológicas satisfatórias para sua perpetuidade, esse fato condena as populações à extinção.

Nesse momento, é importante considerarmos a existência das metapopulações, que seriam a divisão da população em subpopulações (Begon; Harper; Townsend, 2010). Para os autores, essa metapopulação por si só pode não ser estável e, assim, não garantir a sua perpetuidade. No entanto, as dinâmicas de migração – colonização e recolonização de áreas de hábitat são favoráveis à estabilidade populacional nessas áreas. Observamos isso na Figura 2.3, que apresenta a dinâmica de colonizações e recolonizações das metapopulações em um grupo de fragmentos de hábitat.

Figura 2.3 – Dinâmica de colonizações e recolonizações das metapopulações em um grupo de fragmentos de hábitat

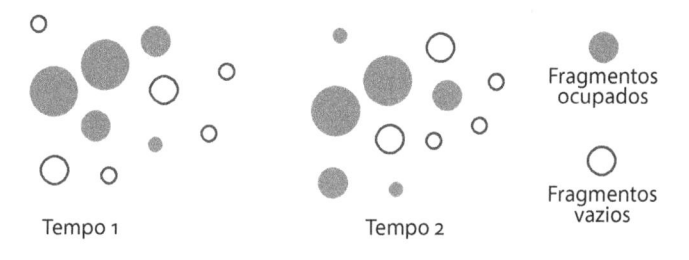

Tempo 1    Tempo 2    Fragmentos ocupados / Fragmentos vazios

Fonte: Araújo, 2015.

Como visto, a dinâmica das metapopulações é de fundamental importância para a perpetuação das espécies ao longo do tempo. A existência de áreas de hábitat em condições de colonização caminham no mesmo sentido.

### Síntese

Neste capítulo, abordamos as principais categorias de ameaça de extinção das espécies, assim como os critérios que a União Internacional para Conservação da Natureza (IUCN) utiliza para elencá-las.

Focamos, também, na exposição dos fatores ecológicos relacionados à viabilidade da manutenção das populações silvestres nos ecossistemas que habitam e que são de fundamental importância para sua perpetuidade.

## Questões para revisão

1. Assinale as afirmativas a seguir como verdadeiras (V) ou falsas (F). Depois, marque a alternativa que contém a sequência correta:
   ( ) A ameaça de extinção das espécies de um ecossistema também coloca em risco o estoque gênico das populações que o habitam.
   ( ) O principal fator concebido com a causa básica do processo de extinção das espécies é a destruição dos seus hábitats naturais.
   ( ) Segundo os critérios de IUCN, uma espécie é considerada extinta quando o número de indivíduos encontrados em seu hábitat natural é menor do que 50.
   ( ) O componente principal de análise da diversidade ecológica é a população.
   ( ) O componente principal de análise da diversidade taxonômica são as espécies.
   a. V, V, V, F, F.
   b. V, F, F, V, F.
   c. F, F, V, V, V.
   d. V, V, F, F, F.

2. Assinale as afirmativas a seguir como verdadeiras (V) ou falsas (F). Depois, marque a alternativa que contém a sequência correta:
   ( ) O componente principal de análise da diversidade genética é o ecossistema.
   ( ) O valor e a variação das espécies e de suas características que influenciam o funcionamento das comunidades são conhecidos como diversidade funcional.
   ( ) A importância da avaliação da integridade funcional dos ecossistemas é a de garantir a conservação da biodiversidade intrassistêmica.
   ( ) A diversidade biológica diminui conforme nos aproximamos da região equatorial.
   ( ) A diversidade alfa é a diversidade global de espécies.

## Os componentes da diversidade biológica

   a. V, V, V, V, F.
   b. F, F, F, F, F.
   c. F, V, V, F, F.
   d. V, V, F, F, F.

3. Assinale as afirmativas a seguir como verdadeiras (V) ou falsas (F). Depois, marque a alternativa que contém a sequência correta:

   ( ) A diversidade gama é a diversidade regional, ou seja, aquela que corresponde ao número total de espécies observadas em todos os hábitats de uma determinada região.

   ( ) Chamamos de diversidade beta de espécies quando ocorre a variação de espécies conforme haja a mudança de hábitat ou variação ambiental de qualquer natureza.

   ( ) Um táxon é considerado extinto quando só sobrevive em cultivos, de forma cativa ou como populações naturalizadas completamente fora de sua distribuição original.

   ( ) Segundo a IUCN, a categoria "em perigo" de ameaça de extinção de uma espécie é mais branda que a categoria "vulnerável".

   ( ) Segundo a IUCN, a categoria "vulnerável" de ameaça de extinção de uma espécie é mais branda que a categoria "quase ameaçada"

   a. V, V, V, F, F.
   b. V, F, F, V, F.
   c. F, F, V, V, V.
   d. V, V, F, F, F.

4. Quais são os principais fatores que favorecem a estabilidade populacional das metapopulações?

5. Quando uma espécie é analisada sob o ponto de vista de ameaça à extinção e conclui-se que os dados existentes são insuficientes para categorizá-la, quais seriam as principais medidas para um enquadramento segundo os critérios da IUCN?

### Questão para reflexão

Como a sociedade humana poderia conviver com a vida silvestre de forma tão harmônica a ponto de reduzir ao mínimo o processo de extinção e as ameaças aos hábitats onde ela se encontra?

### Para saber mais

**Livro**

Em sua obra Biodiversidade, Edward Wilson aborda o tema da biodiversidade no planeta partindo de perspectivas econômicas, sociais e éticas. Além disso, a obra reúne opiniões de muitas autoridades mundiais sobre o tema, bem como mostra maneiras alternativas para recuperar e salvar a biodiversidade existente no planeta. Para saber mais, leia a obra completa:

WILSON, E. O.; PETER, F. M. (Org.). Biodiversidade. Rio de Janeiro: Nova Fronteira, 1997.

**Site**

Recentemente, Edward Wilson publicou na revista Veja um pequeno artigo que fala da biodiversidade brasileira, com enfoque na Amazônia. Leia na íntegra:

WILSON, E. O. O maior patrimônio vivo do planeta. Veja, set. 2008. Edição especial 40 anos. Disponível em: <http://veja.abril.com.br/especiais/veja_40anos/p_228.html>. Acesso em: 21 set. 2014.

# Capítulo 3

# A importância socioeconômica da biodiversidade

## Conteúdos do capítulo
- A importância socioeconômica da biodiversidade.
- Conservação de recursos naturais in situ, ex situ e on farm.
- Breve histórico do processo de criação das unidades de conservação no mundo.
- Os principais objetivos do Sistema Nacional de Unidades de Conservação (Snuc).

## Após o estudo deste capítulo, você será capaz de:
1. identificar a importância socioeconômica da biodiversidade;
2. distinguir os tipos de classificação dos recursos naturais;
3. conhecer algumas abordagens sobre diversidade e recursos naturais contidas na Convenção sobre Diversidade Biológica;
4. conhecer o histórico de criação das unidades de conservação e seus principais objetivos.

No final da década de 1970, o ecólogo James Lovelock formulou uma teoria conhecida como Hipótese Gaia, que reconhecia o planeta Terra como um superorganismo (Odum, 2013). De modo geral, a hipótese considera que todos os biomas existentes são provedores das condições necessárias para a existência das espécies atuais. Além disso, diz que a atividade biológica das espécies modifica as condições bióticas e abióticas do planeta.

O fato é que toda a diversidade de vida existente tem valor intrínseco, seja como propulsora do funcionamento dos serviços ecossistêmicos – imprescindíveis para o equilíbrio da natureza e de seus ciclos biogeoquímicos e para a proteção de bacias hidrográficas –, seja como provedora de itens básicos à sobrevivência humana, como alimentos, fármacos, fibras, madeira etc.

A importância social e econômica das espécies silvestres cresce à medida que os recursos naturais passam a sofrer uma superexploração, devido ao rápido crescimento da população humana e à consequente mudança nos padrões de consumo da sociedade moderna. Atualmente, mesmo nas áreas mais remotas da região Amazônica, por exemplo, há grande importância na valoração econômica dos recursos naturais. Isso acontece por conta do processo de capitalização entre os pequenos produtores e sua fixação à terra, bem como para o sustento das famílias dos povos da floresta.

O desafio de integração entre a preservação dos ecossistemas e a exploração econômica de seus bens e serviços é veemente e traz em seu contexto o paradoxo existente entre a expansão econômica e a conservação. Por um lado, os preceitos ditados pela sustentabilidade afirmam a possibilidade de integração entre a exploração dos recursos naturais e a conservação da diversidade biológica; por outro, a prática econômica diária contradiz os valores conservacionistas.

Segundo Romeiro (2006), a articulação entre as políticas de gestão de recursos sob a ótica ecológica-econômica e a manutenção dos ecossistemas e de sua funcionalidade é complicada. O autor considera preocupantes as incertezas dos processos exploratórios quanto à sua potencialidade de perdas irreversíveis na biodiversidade. Nesse sentido, a avaliação dos impactos ambientais nem sempre é precisa, pois os ecossistemas são altamente complexos. Se por um lado essa complexidade auxilia na sua recuperação após uma intervenção – processo chamado resiliência (Begon;

# A importância socioeconômica da biodiversidade

Harper; Towsend, 2010; Ricklefs, 2012) –, por outro não garante o restabelecimento completo da sua funcionalidade e diversidade. Além disso, não há mecanismos precisos com capacidade de aferir e predizer os danos causados pelo uso exploratório dos recursos naturais.

Hanemann (1997) já alertava sobre a fragilidade existente entre a troca custo/benefício no uso dos recursos naturais. Para o autor, devemos considerar que a exploração atual dos recursos naturais acarreta custos de longo prazo, pois muitos dos bens naturais não são imediatamente renováveis – uma vez que dependem tanto do tempo quanto das pressões inerentes aos processos biológicos.

Isso considerado, podemos pensar que o comportamento econômico de mercado e das políticas econômicas de investimentos sociais é, muitas vezes, impróprio para a gestão dos recursos naturais – que são bens coletivos cujo uso racional terá grande importância para a qualidade de vida das gerações futuras. Na Figura 3.1, vemos os tipos de uso dos recursos naturais que podem ser aproveitados de forma direta ou como insumos para a produção de produtos diversos. A forma não comercial se refere à sua conservação in situ.

Figura 3.1 – Tipos de uso dos recursos naturais

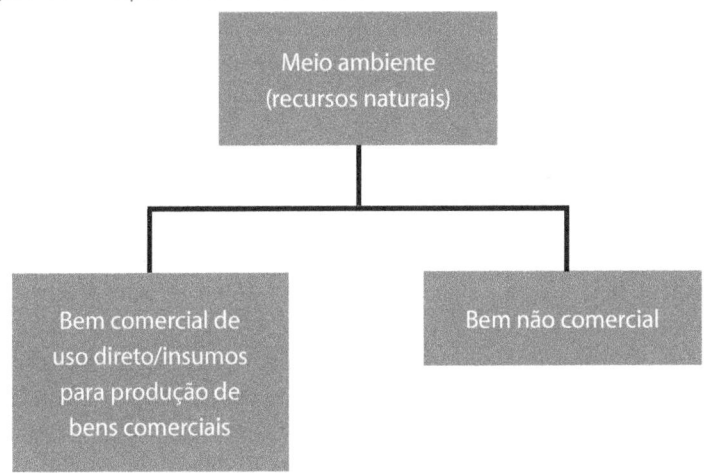

```
                    Meio ambiente
                  (recursos naturais)
                          |
              ------------------------
              |                      |
    Bem comercial de          Bem não comercial
    uso direto/insumos
    para produção de
    bens comerciais
```

A visão dos recursos naturais como bens coletivos é antiga. Na década de 1960, o artigo "A tragédia dos comuns", de Garret Hardin, publicado na revista científica Science, abordava o assunto de forma muito contundente. Hardin classificou os bens comuns como todos os tipos de recursos existentes e de necessidade e uso comum por toda população humana do planeta. Considerou também em sua abordagem o contraponto existente entre o crescimento demográfico e a finitude dos recursos naturais, denominando tragédia a possibilidade da extinção desses recursos pela superexploração e/ou pelo crescimento populacional demasiado (Hardin, 1968).

Um dos maiores desafios mundiais da atualidade é como poderemos alimentar uma população que ultrapassa os sete bilhões de indivíduos. Todas as espécies de plantas e animais que são utilizadas como alimento tiveram sua origem no meio natural, nos diversos ecossistemas existentes na biosfera.

A diversidade de plantas usadas como alimento pelos povos primitivos foi muito maior do que a atual. Usamos relativamente poucas espécies em nosso cardápio diário de alimentos, mas todas elas são provenientes de ancestrais descobertos por habitantes do período neolítico (Williams, 1997). Além disso, são geneticamente modificadas para se adaptarem às tecnologias agrícolas modernas.

Muitas espécies silvestres continuam em seu hábitat natural e, apesar de apresentarem grande potencial para domesticação e aproveitamento alimentar ou medicinal, permanecem livres de processos como a transgenia e o melhoramento genético, sobretudo por desconhecimento científico de sua existência ou por falta de interesse do agronegócio. O grande problema é que as ações antrópicas de intervenção ambiental exploratória têm avançado progressiva e rapidamente para áreas mais remotas, colocando em risco o hábitat de todas elas.

Segundo Wilson (2012), há uma grande diversidade de espécies consideradas benéficas para o uso humano e que ainda permanecem desconhecidas. O autor relata como exemplo a descoberta de uma nova espécie de milho silvestre (Zeadiploperennis), na década de 1970, por um estudante universitário mexicano, afirmando que se trata de uma planta de crescimento perene e muito resistente às doenças. Essas características genéticas, se hibridizadas com a espécie de milho comum (Zeamays), favoreceriam o aumento da produção agrícola da planta.

# A importância socioeconômica da biodiversidade

Mais do que representar um número a mais nas listas de organismos num dado ecossistema, essas espécies silvestres guardam as características genéticas intrínsecas à evolução adaptativa da linhagem que as gerou e, assim, são consideradas também como recursos genéticos. Pádua, Vasconcelos e Silva (2010) afirmam que, antes da instituição da Convenção sobre a Diversidade Biológica (CDB), os recursos genéticos eram considerados bens da humanidade e que, após o Brasil se tornar signatário dessa convenção, houve uma preocupação governamental no estabelecimento de normas regulatórias. Essas normas regulariam o uso dos recursos genéticos no território nacional, culminando na criação da Medida Provisória n. 2.186-16, de 23 de agosto de 2001 (Brasil, 2001), que dispõe sobre o acesso ao patrimônio genético, a proteção e o acesso ao conhecimento tradicional associado, a repartição de benefícios e o acesso à tecnologia e transferência de tecnologia para sua conservação e utilização.

Nessa medida provisória, o termo recurso genético foi substituído por patrimônio genético, definido em seu art. 7º, inciso I, como sendo a

> Art. 7º [...]
> I – [...] informação de origem genética, contida em amostras do todo ou de parte de espécime vegetal, fúngico, microbiano ou animal, na forma de moléculas e substâncias provenientes do metabolismo destes seres vivos e de extratos obtidos destes organismos vivos ou mortos, encontrados em condições in situ, inclusive domesticados, ou mantidos em condições ex situ, desde que coletados in situ no território nacional, na plataforma continental ou na zona econômica exclusiva.
> (Brasil, 2001, grifo do original)

A preocupação com a rápida perda dos recursos genéticos está diretamente relacionada àquela inerente à perda da biodiversidade. Desse modo, devemos pensar que, se quisermos conservar os recursos naturais e, principalmente, os recursos genéticos, devemos mantê-los em seu local de origem ou em ambientes seminaturais ou artificiais, desde que as espécies tenham condições de perpetuação.

É chamada conservação in situ quando os recursos/espécies são mantidos em seu hábitat de origem, ou seja, no local em que desenvolveram naturalmente suas características evolutivas e adaptativas. A conservação in situ pode ser feita em reservas naturais – como as unidades de conservação, por exemplo, que estão submetidas ao manejo e ao monitoramento em áreas com território definido e legalmente instituído e ocorre em longo prazo. Porém, em muitos casos, essas populações silvestres de animais e principalmente de plantas são cultivadas e manejadas continuamente por comunidades locais e povos indígenas, recebendo a denominação de conservação on farm (Brasil, 2014a).

Já quando a conservação das espécies envolve práticas de manutenção fora do hábitat natural, é denominada conservação ex situ. Esse tipo de conservação pode ser feita em jardins botânicos, zoológicos ou em laboratórios, envolvendo: manutenção de recursos genéticos em câmaras de conservação de sementes, cultura de tecidos, criogenia, cultura de microrganismos, bancos de germoplasma, entre outras técnicas que possam preservar os genes por tempo prolongado e garantir a proteção da diversidade intraespecífica (Brasil, 2014a). No Brasil, a Empresa Brasileira de Pesquisa Agropecuária (Embrapa), por meio de sua divisão de Recursos Genéticos e Biotecnologia, mantém o maior banco de germoplasma do país.

A melhor forma de conservação in situ é a criação de unidades de conservação da natureza, embora autores como Primack e Rodrigues (2001), entre outros, afirmem que a aquisição de terras somada ao peso da legislação não assegura a preservação dos hábitats nos ecossistemas.

No caso das áreas legalmente protegidas, o reconhecimento legal das reservas extrativistas como unidades de conservação da natureza, assim como o estabelecimento das reservas indígenas, beneficia comunidades de seringueiros e colhedores de produtos florestais. Elas trazem garantias de perpetuidade para as etnias ainda presentes, além de contribuírem para o barateamento da implantação de redes de bancos de germoplasma in situ.

## 3.1 A proteção dos hábitats para a conservação e a gestão da biodiversidade

A primeira iniciativa de se estabelecer uma área natural governamental protegida ocorreu em 1872 com a criação do Parque Nacional de Yellowstone, localizado no Estado de Wyoming, nos Estados Unidos (Pádua; Coimbra Filho, 1979). No Brasil, a primeira ideia de preservação de uma área natural partiu de André Rebouças, em 1876, que sugeriu a proteção da Ilha do Bananal e de Sete Quedas.

Apesar de as áreas protegidas preservarem o patrimônio natural brasileiro desde 1934, com a criação da Floresta Nacional de Lorena, em São Paulo, em 1937, foi criado o primeiro Parque Nacional brasileiro, o de Itatiaia (Brasil, 2014b).

Nessa época, para a maioria dos países, a fundamentação para a criação de áreas naturais protegidas foi a ideia da partilha das belezas cênicas das áreas silvestres para a população. Coube à União Internacional para a Conservação da Natureza e dos Recursos Naturais (IUCN) a avaliação das experiências e a proposição de diretrizes que pudessem auxiliar tecnicamente os países em suas iniciativas de conservação da biodiversidade (Brito, 1998).

A partir da década de 1950, houve um significativo aumento na criação de áreas naturais protegidas, principalmente no que se refere ao estabelecimento de parques nacionais pelo mundo. Nos anos 1970, a expansão das áreas protegidas ultrapassou a marca de 80%, sendo a maior parte implantada em países em desenvolvimento, alvos da preocupação da comunidade científica pela rápida perda da biodiversidade. De acordo com Mittermeier et al. (2005), de meados da década de 1970 até a década de 1990, houve grande investimento na criação de unidades de conservação no Brasil, tanto de origem federal quanto estaduais, municipais e privadas. Os autores afirmam também que tal investimento foi bem maior do que qualquer um feito por países tropicais, iniciativa que motivou o aumento das ações conservacionistas do setor não governamental, o incremento das listas de espécies ameaçadas nos biomas brasileiros e a elaboração de um Sistema Nacional de Unidades de Conservação (Snuc).

Apesar disso, o Brasil ainda era carente do estabelecimento de princípios e regras que regessem a criação de áreas naturais protegidas. Também não tinha segurança em como administrá-las após sua criação, principalmente no que dizia respeito à ocupação humana nesses territórios.

Em 1979, o extinto Instituto Brasileiro de Desenvolvimento Florestal (IBDF), responsável pela criação e gestão das áreas de proteção, propôs um Plano do Sistema de Unidades de Conservação para o Brasil e um Regulamento dos Parques Nacionais Brasileiros, os quais visavam à priorização da região amazônica para a criação de unidades de conservação e o gerenciamento dos parques por meio de um sistema de zoneamento.

O referido plano propôs que as categorias de gestão, chamadas também de categorias de manejo das unidades a serem criadas, deveriam contemplar a proteção e a conservação dos recursos naturais renováveis. A atenção deveria ser especial à fauna e à flora, com base na preservação de porções representativas dos principais ecossistemas do país. Assim, as categorias propostas foram as seguintes:

*I.* Categorias de importância nacional – Consideradas nobres, são categorias fundamentais para a conservação da natureza em qualquer país, sendo elas:

   *a)* Parque Nacional;

   *b)* Reserva Científica ou Biológica;

   *c)* Monumento Natural;

   *d)* Santuário ou Refúgio da Vida Silvestre.

*II.* Categorias de Manejo Complementares – São categorias que permitem o uso indireto dos recursos naturais, sendo elas:

   *a)* Estação Ecológica;

   *b)* Rio Cênico;

   *c)* Rodovia Parque;

   *d)* Reserva de Recursos (Reservas Florestais).

*III.* Categorias de Manejo Adicionais – Caracterizadas por áreas reservadas com uso direto racional dos recursos, estas categorias não são consideradas unidades de conservação na total concepção do termo, mas podem contribuir para o sistema. São elas:

   *a)* Parque Natural;

   *b)* Florestas Nacionais;

   *c)* Reserva Indígena;

   *d)* Reserva de Fauna;

   *e)* Parque de Caça;

   *f)* Monumento Cultural (Sítios históricos).

IV. Categorias de Manejo Regionais ou Locais – São aquelas pertencentes a outros níveis de Governo, quais sejam:

   a) Parque Estadual;
   b) Parque Municipal;
   c) Reserva Biológica Estadual;
   d) Reserva Biológica Municipal;
   e) Parques de Caça Estaduais;
   f) Parques de Caça Municipais;
   g) Outras.

V. Categorias de Manejo de Importância Mundial:

   a) Reserva da Biosfera;
   b) Reserva do Patrimônio Mundial.

Somente em 1989, após a substituição do IBDF pelo Instituto Brasileiro do Meio Ambiente e dos Recursos Naturais Renováveis (Ibama), o Brasil criou um projeto de lei versando sobre o estabelecimento de um Sistema Nacional de Unidades de Conservação (Snuc). Passou a haver, então, a contemplação da harmonização entre os objetivos conservacionistas com as populações tradicionais, que deveriam ser beneficiadas com a instituição das áreas protegidas em seus territórios ou arredores (Brito, 1998).

Segundo o Ministério do Meio Ambiente, o Snuc constitui hoje o conjunto de áreas naturais protegidas no país, englobando aquelas de âmbitos nacional, estadual e municipal. Tais áreas são atualmente a principal estratégia brasileira para a conservação da biodiversidade nos nossos biomas (Brasil, 2014a).

A lei que institui o Snuc é a Lei n. 9.985, de 18 de julho de 2000. Nela, são atribuídos ao Snuc os seguintes objetivos:

> Art. 3º O Sistema Nacional de Unidades de Conservação da Natureza – Snuc é constituído pelo conjunto das unidades de conservação federais, estaduais e municipais, de acordo com o disposto nesta Lei.
>
> Art. 4º O Snuc tem os seguintes objetivos:

I – contribuir para a manutenção da diversidade biológica e dos recursos genéticos no território nacional e nas águas jurisdicionais;

II – proteger as espécies ameaçadas de extinção no âmbito regional e nacional;

III – contribuir para a preservação e a restauração da diversidade de ecossistemas naturais;

IV – promover o desenvolvimento sustentável a partir dos recursos naturais;

V – promover a utilização dos princípios e práticas de conservação da natureza no processo de desenvolvimento;

VI – proteger paisagens naturais e pouco alteradas de notável beleza cênica;

VII – proteger as características relevantes de natureza geológica, geomorfológica, espeleológica, arqueológica, paleontológica e cultural;

VIII – proteger e recuperar recursos hídricos e edáficos;

IX – recuperar ou restaurar ecossistemas degradados;

X – proporcionar meios e incentivos para atividades de pesquisa científica, estudos e monitoramento ambiental;

XI – valorizar econômica e socialmente a diversidade biológica;

XII – favorecer condições e promover a educação e interpretação ambiental, a recreação em contato com a natureza e o turismo ecológico;

XIII – proteger os recursos naturais necessários à subsistência de populações tradicionais, respeitando e valorizando seu conhecimento e sua cultura e promovendo-as social e economicamente. (Brasil, 2000)

Além disso, o art. 2º da lei estabelece conceitos como:

Art. 2º [...]

I – unidade de conservação: espaço territorial e seus recursos ambientais, incluindo as águas jurisdicionais, com características naturais relevantes, legalmente instituído pelo Poder Público, com objetivos de conservação e limites definidos,

## A importância socioeconômica da biodiversidade

sob regime especial de administração, ao qual se aplicam garantias adequadas de proteção;

II – conservação da natureza: o manejo do uso humano da natureza, compreendendo a preservação, a manutenção, a utilização sustentável, a restauração e a recuperação do ambiente natural, para que possa produzir o maior benefício, em bases sustentáveis, às atuais gerações, mantendo seu potencial de satisfazer as necessidades e aspirações das gerações futuras, e garantindo a sobrevivência dos seres vivos em geral;

III – diversidade biológica: a variabilidade de organismos vivos de todas as origens, compreendendo, dentre outros, os ecossistemas terrestres, marinhos e outros ecossistemas aquáticos e os complexos ecológicos de que fazem parte; compreendendo ainda a diversidade dentro de espécies, entre espécies e de ecossistemas;

IV – recurso ambiental: a atmosfera, as águas interiores, superficiais e subterrâneas, os estuários, o mar territorial, o solo, o subsolo, os elementos da biosfera, a fauna e a flora;

V – preservação: conjunto de métodos, procedimentos e políticas que visem a proteção a longo prazo das espécies, hábitats e ecossistemas, além da manutenção dos processos ecológicos, prevenindo a simplificação dos sistemas naturais;

VI – proteção integral: manutenção dos ecossistemas livres de alterações causadas por interferência humana, admitido apenas o uso indireto dos seus atributos naturais;

VII – conservação in situ: conservação de ecossistemas e hábitats naturais e a manutenção e recuperação de populações viáveis de espécies em seus meios naturais e, no caso de espécies domesticadas ou cultivadas, nos meios onde tenham desenvolvido suas propriedades características;

VIII – manejo: todo e qualquer procedimento que vise assegurar a conservação da diversidade biológica e dos ecossistemas;

IX – uso indireto: aquele que não envolve consumo, coleta, dano ou destruição dos recursos naturais;

X – uso direto: aquele que envolve coleta e uso, comercial ou não, dos recursos naturais;

XI – uso sustentável: exploração do ambiente de maneira a garantir a perenidade dos recursos ambientais renováveis e dos processos ecológicos, mantendo a biodiversidade e os demais atributos ecológicos, de forma socialmente justa e economicamente viável;

XII – extrativismo: sistema de exploração baseado na coleta e extração, de modo sustentável, de recursos naturais renováveis;

XIII – recuperação: restituição de um ecossistema ou de uma população silvestre degradada a uma condição não degradada, que pode ser diferente de sua condição original;

XIV – restauração: restituição de um ecossistema ou de uma população silvestre degradada o mais próximo possível da sua condição original;

[...]

XVI – zoneamento: definição de setores ou zonas em uma unidade de conservação com objetivos de manejo e normas específicos, com o propósito de proporcionar os meios e as condições para que todos os objetivos da unidade possam ser alcançados de forma harmônica e eficaz;

XVII – plano de manejo: documento técnico mediante o qual, com fundamento nos objetivos gerais de uma unidade de conservação, se estabelece o seu zoneamento e as normas que devem presidir o uso da área e o manejo dos recursos naturais, inclusive a implantação das estruturas físicas necessárias à gestão da unidade;

XVIII – zona de amortecimento: o entorno de uma unidade de conservação, onde as atividades humanas estão sujeitas a normas e restrições específicas, com o propósito de minimizar os impactos negativos sobre a unidade; e

XIX – corredores ecológicos: porções de ecossistemas naturais ou seminaturais, ligando unidades de conservação, que possibilitam entre elas o fluxo de genes e o movimento da biota, facilitando a dispersão de espécies e a recolonização de áreas degradadas, bem como a manutenção de populações que demandam para sua sobrevivência áreas com extensão maior do que aquela das unidades individuais. (Brasil, 2000)

## A importância socioeconômica da biodiversidade

Como vimos, nosso governo utiliza o Snuc para criar, implantar e gerir nossas áreas protegidas, tornando este o principal mecanismo nacional de gestão pública da biodiversidade.

### Síntese

Neste capítulo, abordamos a importância social e econômica da diversidade biológica e de que forma ela pode ser encarada como um recurso natural no contexto geral do atendimento das necessidades humanas.

Além disso, mostramos a classificação dos recursos naturais segundo os aspectos relacionados à sua conservação. Pudemos distinguir entre a conservação in situ dos recursos naturais da sua conservação ex situ e on farm.

Tratamos também da principal forma de conservação dos recursos naturais in situ, ou seja, pelo estabelecimento de unidades de conservação da natureza.

### Questões para revisão

1. Assinale as afirmativas a seguir como verdadeiras (V) ou falsas (F). Depois, marque a alternativa que contém a sequência correta:
   ( ) Não há necessidade de atos regulatórios para o uso dos recursos genéticos, pois eles são intrínsecos à própria existência das espécies e, portanto, de uso comum a todos.
   ( ) Os recursos naturais não podem ser considerados bens coletivos, pois há normas e leis que regulamentam o uso de produtos advindos da natureza.
   ( ) Segundo o que é apregoado pelo desenvolvimento sustentável, não seria possível a integração entre a exploração dos recursos naturais e a conservação da diversidade biológica, pois atos exploratórios colocam em risco o hábitat natural das espécies.
   ( ) Segundo a hipótese Gaia, a Terra funciona como um superorganismo.

( ) A avaliação dos impactos ambientais nem sempre é precisa, pois os ecossistemas são altamente complexos.
a. F, F, F, V, V.
b. V, V, F, V, V.
c. F, F, V, V, F.
d. F, F, V, V, V.

2. Assinale as afirmativas a seguir como verdadeiras (V) ou falsas (F). Depois, marque a alternativa que contém a sequência correta:

( ) Segundo as premissas do desenvolvimento sustentável, não há a necessidade de se considerar os custos futuros que uma exploração atual de recursos naturais trará, uma vez que os bens naturais não são imediatamente renováveis.

( ) As espécies silvestres podem ser consideradas recursos genéticos.

( ) A assinatura do Brasil pela Convenção sobre a Diversidade Biológica impediu que fossem criados atos normativos sobre a exploração dos recursos naturais e genéticos no país, pelo fato de estes serem considerados bens da humanidade.

( ) A preocupação com a rápida perda dos recursos genéticos está inversamente relacionada àquela associada à perda da biodiversidade.

( ) É denominada conservação in situ quando os recursos/espécies são mantidos em seu hábitat de origem.

a. V, V, V, V, V.
b. F, V, F, F, V.
c. F, F, F, F, F.
d. V, F, V, F, F.

3. Assinale as afirmativas a seguir como verdadeiras (V) ou falsas (F). Depois, marque a alternativa que contém a sequência correta:

## A importância socioeconômica da biodiversidade

( ) Quando a conservação das espécies envolve práticas de manutenção fora do hábitat natural, é denominada conservação ex situ.

( ) Quando populações silvestres de animais e principalmente de plantas são cultivadas e manejadas continuamente por comunidades locais e povos indígenas, tal prática recebe a denominação de conservação on farm.

( ) Nos anos 1980, a expansão das áreas protegidas ultrapassou a marca de 80%, sendo a maior parte implantada em países desenvolvidos.

( ) O Plano do Sistema de Unidades de Conservação para o Brasil e o Regulamento dos Parques Nacionais Brasileiros visavam à priorização da região amazônica para conservação da biodiversidade.

( ) O extinto IBDF foi substituído pelo Snuc na década de 1990.

a. V, V, F, F, F.
b. F, F, V, F, F.
c. V, V, F, V, F.
d. V, F, V, V, F.

4. Sabendo que o conhecimento atual sobre uso dos recursos naturais advém das sociedades primitivas, como podemos explicar que tais sociedades utilizavam muito mais itens da natureza do que a sociedade atual?

5. Que importância conceitual teve a substituição do termo recurso genético por patrimônio genético na Medida Provisória n. 2.186-16/2001?

### Questão para reflexão

Na década de 1960, o autor Garret Hardin classificou os bens comuns como todos os tipos de recursos existentes e de necessidade e uso comum por toda população humana do planeta. No que diz respeito à utilização dos recursos naturais pela população humana, o conceito de Hardin teria alguma importância socioeconômica contemporaneamente? Por quê?

### Para saber mais

Richard Primack e Efrain Rodrigues, na obra Biologia da conservação, defendem a hipótese de que o planeta Terra está passando pelo sétimo evento de megaextinção da história. Esse sétimo evento, segundo os autores, será causado pela espécie humana. Na obra, os autores defendem a biologia da conservação como forma de atenuar a catástrofe eminente. Para saber mais, leia a obra na íntegra:

PRIMACK, R. B.; RODRIGUES, E. Biologia da conservação. Londrina: Edição dos autores, 2001.

# Capítulo 4

# Recursos naturais, biodiversidade e unidades de conservação

## Conteúdos do capítulo

- As categorias de manejo das unidades de conservação brasileiras.
- As relações entre populações tradicionais e unidades de conservação.
- A gestão das áreas naturais protegidas.
- Estudo de caso: a implantação de uma unidade de conservação municipal.

## Após o estudo deste capítulo, você será capaz de:

1. entender o Sistema Nacional de Unidades de Conservação (Snuc);
2. reconhecer as categorias de manejo que podem ser estabelecidas nas áreas naturais protegidas do Brasil;
3. compreender as relações entre as populações tradicionais e as unidades de conservação;
4. entender o processo de gestão das áreas naturais protegidas;
5. conhecer um estudo de caso sobre a implantação de uma unidade de conservação municipal.

A valoração econômica dos recursos naturais cresce exponencialmente ano a ano e a pressão de exploração acompanha tal crescimento. Nesse cenário, a degradação dos ambientes naturais merece atenção especial, pois a acelerada redução das áreas de hábitats para a fauna e a flora torna inviável a manutenção das espécies.

Para salvaguardar as amostras dos principais ecossistemas contidos nos biomas brasileiros, proteger as espécies e contemplar os preceitos do desenvolvimento sustentável, o Sistema Nacional de Unidades de Conservação (Snuc) divide as categorias de unidades de conservação em dois grupos de manejo:

1. Proteção Integral: são unidades que têm como objetivo principal a utilização indireta dos recursos naturais;
2. Uso Sustentável: são unidades que têm como objetivo associar de maneira compatível a conservação da natureza e a utilização sustentável dos seus recursos (Brasil, 2000).

Veja, no Quadro 4.1, a divisão dos tipos de unidades de conservação e de suas categorias de manejo. Vale notarmos que é contemplada a possibilidade de áreas particulares exercerem a função de conservação por meio das Reservas Particulares do Patrimônio Natural (RPPN), criadas pelo Ibama em 1990. Segundo Mittermeier et al. (2005), essas reservas oferecem melhor proteção se comparadas às unidades federais, estaduais e municipais, além de cumprirem função estratégica na proteção de hábitats que resguardam espécies ameaçadas de extinção em biomas como a Mata Atlântica, o Cerrado e o Pantanal.

Quadro 4.1 – *Categorias de manejo das unidades de conservação segundo o Snuc*

| Unidades de Conservação de Proteção Integral | Unidades de Conservação de Uso Sustentável |
|---|---|
| • Parque Nacional<br>• Reserva Biológica<br>• Estação Ecológica<br>• Monumento Natural<br>• Refúgio de Vida Silvestre | • Área de Proteção Ambiental<br>• Área de Relevante Interesse Ecológico<br>• Floresta Nacional<br>• Reserva Extrativista<br>• Reserva de Fauna<br>• Reserva de Desenvolvimento Sustentável<br>• Reserva Particular do Patrimônio Natural |

Fonte: *Elaborado com base em Brasil, 2000.*

# Recursos naturais, biodiversidade e unidades de conservação

O estabelecimento de uma unidade de conservação se dá, inicialmente, pela detecção do potencial conservacionista e/ou do patrimônio histórico-cultural e natural de uma determinada área e a posterior aquisição e averbação de suas terras, visando à proteção dos seus recursos naturais e patrimônios.

No caso das unidades governamentais (federais, estaduais e municipais), há a necessidade da promulgação de um decreto que informe a sua criação e a posterior publicação no Diário Oficial da União.

## 4.1 As populações tradicionais e as unidades de conservação

O estabelecimento das áreas protegidas nos traz certa garantia de que a grande diversidade biológica e de hábitats, bem como as espécies endêmicas e as ameaçadas existentes nos ecossistemas brasileiros, estejam sob salvaguarda das instituições públicas ou da iniciativa privada.

A Convenção sobre Diversidade Biológica (CDB) reconhece o valor intrínseco que a biodiversidade e seus componentes têm, relacionado aos valores genético, educacional, recreativo, cultural, estético, além do ecológico, é claro. Tal convenção nos propõe que sejam identificadas e monitoradas nos ecossistemas brasileiros não apenas aquelas espécies ameaçadas e endêmicas, mas que também sejam considerados outros valores associados ao uso medicinal e agrícola, ao valor econômico, social, cultural ou científico que os ecossistemas agreguem.

Como vimos anteriormente, as primeiras ideias relacionadas à criação de áreas para proteção tinham como razões a recreação, os valores estéticos e o turismo. No Brasil, no entanto, a possibilidade de designar áreas naturais para conservação tinha (e tem) um obstáculo principal, inconveniente a esses objetivos: a presença humana. Quando visitamos o Parque Nacional da Serra da Canastra, em Minas Gerais, com um grupo de alunos no início dos anos 2000, ouvimos relatos de pessoas cujas famílias tinham fazendas na área do parque. Elas foram expulsas de suas terras pelas forças armadas do regime militar, sem qualquer direito à indenização.

Ainda segundo esses relatos, o resultado social dessas expulsões fez proliferar uma enorme antipatia da população em relação às causas conservacionistas e ao próprio parque. Imaginamos que esse evento tenha se repetido em várias partes do Brasil, provocando as mesmas reações anticonservacionistas aos vitimados.

Naquela ocasião, os argumentos governamentais contra a permanência das populações tradicionais nas áreas que seriam protegidas se baseavam nas premissas da sua incompatibilidade com a manutenção da biodiversidade. Atualmente, é notório o fato de que a limitação relacionada à maior parte das questões conservacionistas não está relacionada ao consórcio entre as populações tradicionais e a natureza. O problema encontra-se, principalmente, nas questões políticas, econômicas e sociais.

É fato que, por muitas gerações, a presença humana transformou a paisagem num misto entre áreas transformadas para o uso antrópico e áreas com baixa ou nenhuma intervenção, mantendo suas características muito próximas à originalidade.

Ao se instituir o conceito de que os modelos de desenvolvimento podem se basear em práticas sustentáveis, as publicações de informações relacionadas às práticas seculares das populações tradicionais, principalmente aquelas relacionadas ao manejo sustentado dos recursos naturais, tornaram-se evidentes. Atualmente, temos muito mais informações disponíveis sobre tais práticas e sobre o modo de vida e os saberes das sociedades indígenas, ribeirinhas, quilombolas, de seringueiros e de castanheiros.

Se observarmos a afirmação de Santilli (2003) de que a proteção legal de áreas naturais deve ser indissociável dos saberes tradicionais, ou seja, de que a proteção da biodiversidade está atrelada à sociodiversidade, veremos os reflexos da proposição das formas inclusivas de implantação de planos de manejo nas unidades de conservação, como proposto pelo Ministério do Meio Ambiente (Brasil, 2014b). Para Santilli (2003), a Constituição Brasileira assegura a proteção da sociodiversidade e seus saberes, juntamente com o patrimônio genético brasileiro. A autora salienta que o Brasil reiterou tal fato quando se tornou signatário da Convenção sobre a Diversidade Biológica (CDB).

Essa convenção também repercutiu no âmbito das políticas internacionais, que passaram a contemplar o conhecimento das populações tradicionais em seus princípios governamentais conservacionistas. Devemos ter em mente que o estabelecimento dessas políticas gera discussões e questionamentos – os quais geralmente estão relacionados à diversidade existente entre as sociedades tradicionais de cada país, as formas como elas utilizam seus saberes (adquiridos e repassados ao longo de várias gerações) e a associação do uso dos recursos naturais com a sua proteção.

Contudo, se hoje temos acesso a tanta informação relacionada aos saberes tradicionais dessas comunidades, devemos pensar que alguns grupos têm interesse no registro de patentes na forma sustentável pela qual utilizam os recursos naturais, enquanto outros apenas consideram esse conhecimento como um legado nacional de domínio público (Lima; Bensusan, 2003).

De toda forma, conforme a própria CDB preconiza de maneira notória, a utilização dos recursos genéticos e dos saberes tradicionais com eles envolvidos deve estar sujeita ao consentimento prévio, no sentido de proteger e tornar as atividades exploratórias consensuais entre as partes interessadas.

Para Baylão e Bensusan (2003, p. 18), o consentimento prévio informado:

> é a exigência de que as comunidades locais e indígenas sejam consultadas para dar o seu consentimento voluntário antes que uma pessoa, instituição ou empresa tenha acesso a conhecimentos tradicionais ou recursos genéticos dentro de seu território.

Notório também é o reconhecimento das áreas de exploração sustentável dos recursos naturais como unidades de conservação, como é o caso das reservas de desenvolvimento sustentável e das reservas extrativistas contempladas no Snuc. Nesta última, o embasamento para criação foi a realidade vivida pelos povos amazônicos, que retiram da floresta sua subsistência (Figura 4.1) e dependem de uma regulamentação para que essas áreas sejam alvo de um manejo sustentável dos seus recursos.

Citamos esse fato como notório porque contempla o modo de vida dos povos da floresta, consagrando todo o conhecimento tradicional e a diversidade sociocultural de gerações. Além de não excluí-los de seus territórios, agregam a essas unidades os valores ambientais da conservação da biodiversidade e os valores sociais da fixação das populações em seus locais de origem e a redução da pobreza. A importância de integração entre a conservação da natureza e as populações tradicionais foi contemplada também pela CDB (2006).

Embora as terras indígenas e os territórios quilombolas não sejam reconhecidos como unidades de conservação, o Plano Estratégico Nacional de Áreas Protegidas legitima a sua importância na exploração sustentável de recursos naturais (Brasil, 2014c), atividade que garante o sustento de um grande número de famílias.

Com o objetivo de valorizar e integrar as diferentes formas de saber (especialmente os saberes, as práticas e os conhecimentos) e também de buscar a melhoria da qualidade de vida das populações tradicionais, o Governo Federal promulgou, em 18 de setembro de 2007, a Instrução Normativa n. 1 – a qual disciplina as diretrizes, as normas e os procedimentos para a elaboração de Plano de Manejo Participativo de Unidade de Conservação Federal das categorias Reserva Extrativista e Reserva de Desenvolvimento Sustentável (Brasil, 2007).

A principal filosofia envolvida nesse tipo de planejamento participativo é a associação entre os objetivos conservacionistas e a manutenção das atividades exercidas pelos povos da floresta, as quais são totalmente sustentáveis e compatíveis com os objetivos das unidades de conservação de uso sustentável, tornando o processo inclusivo e com grande aceitação das comunidades envolvidas.

Ainda de acordo com a Instrução Normativa n. 1, as etapas de elaboração do planejamento das reservas extrativistas e das reservas de desenvolvimento sustentável são muito semelhantes àquelas propostas para as unidades de proteção integral. Elas envolvem a contextualização regional da unidade, os levantamentos dos aspectos ambientais, a diversidade de paisagens e os ecossistemas existentes, bem como os aspectos sociais, econômicos e culturais, dando ênfase à população tradicional beneficiária da unidade.

O planejamento deve envolver, ainda, a apuração das práticas produtivas, o uso e o manejo dos recursos naturais, o estado de conservação dos ecossistemas, as principais ameaças, os conflitos e os impactos ambientais e sociais existentes.

# Recursos naturais, biodiversidade e unidades de conservação

A Instrução Normativa n. 1/2007 preconiza, ainda, que devem ser observados os processos contínuos de planejamento, com o comprometimento do órgão gestor e das comunidades no que diz respeito à divulgação dos resultados para as populações e instituições parceiras. Isso visa garantir o entendimento processual e a participação qualificada da população tradicional da unidade nos grupos de trabalho e no Conselho Deliberativo.

Figura 4.1 – Índia da etnia Guarani expõe para venda os seus produtos artesanais feitos com sementes coletadas na floresta de Mata Atlântica na região de Paraty, RJ

Crédito: Pedro Luis Batista Tomasulo

Embora o Snuc contemple em sua nomenclatura denominações que remetam as unidades de conservação ao nível federal, como "parque nacional" ou "floresta nacional", no ato de criação, os estados e municípios devem adequar tais designações para seu próprio domínio administrativo: "parque estadual", "parque municipal", "floresta estadual", "floresta municipal", e assim por diante. Vale ressaltar que a categoria de manejo a ser estabelecida deve ser proclamada mediante estudo prévio de uso e vocação da área.

O estabelecimento correto da categoria de manejo da unidade a ser criada é de extrema importância, pois determinará como ela será gerenciada e revelará quais atividades serão permitidas ou restringidas. Em outras palavras, diz respeito às decisões de gestão que irão influenciar diretamente a perpetuidade dos recursos naturais e das belezas cênicas da área. A Tabela 4.1 mostra as classes de uso associadas às categorias de manejo e sua representatividade no âmbito nacional.

É possível percebermos a predominância das Áreas de Proteção Ambiental e de Relevante Interesse Ecológico, categorias qualificadas como de uso sustentável e, por definição, mais permissivas quanto ao uso, facultando a exploração dos seus recursos naturais aos preceitos da sustentabilidade.

Tabela 4.1 – Natureza do uso relacionada à categoria de manejo das unidades de conservação e sua representatividade no nível nacional

| Classe de uso | Principais tipos de uso | Categoria de manejo | Representatividade da categoria (%) |
|---|---|---|---|
| Classe 1 – Pesquisa científica e educação ambiental | Desenvolvimento de pesquisa científica e educação ambiental | Reserva Biológica e Estação Ecológica | 11,7 |
| Classe 2 – Pesquisa científica, educação ambiental e visitação | Turismo em contato com a natureza | Parque e Reserva Particular do Patrimônio Natural | 24,7 |
| Classe 3 – Produção florestal, pesquisa científica e visitação | Produção florestal | Floresta Nacional e Floresta Estadual | 19,3 |
| Classe 4 – Extrativismo, pesquisa científica e visitação | Extrativismo por populações tradicionais | Reserva Extrativista | 9,0 |
| Classe 5 – Agricultura de baixo impacto, pesquisa científica, visitação, produção florestal e extrativismo | Áreas públicas e privadas onde a produção agrícola e pecuária é compatibilizada com os objetivos da unidade | Reserva de Desenvolvimento Sustentável, Refúgio da Vida Silvestre e Monumento Natural | 8,1 |

(continua)

## Recursos naturais, biodiversidade e unidades de conservação

(Tabela 4.1 – conclusão)

| Classe de uso | Principais tipos de uso | Categoria de manejo | Representatividade da categoria (%) |
|---|---|---|---|
| Classe 6 – Agropecuária, atividade industrial, núcleo populacional urbano e rural. | Terras públicas e particulares com possibilidade de usos variados visando a um ordenamento territorial sustentável | Área de Proteção Ambiental e Área de Relevante Interesse Ecológico | 27,2 |

Fonte: Adaptado de Brasil, 2014b.

Esses dados apontam que temos cerca de 16,6% do território continental (1,5 milhões de km²) e 1,5% do território marinho brasileiro abrangidos por unidades de conservação. Em termos internacionais, ocupamos o quarto lugar em relação às áreas continentais protegidas, com 1.411.834 km². Somos superados apenas pelos Estados Unidos, que têm 2.607.132 km², pela Rússia, com 1.534.466 km², e pela China, com 1.452.693 km² (Brasil, 2014b).

De acordo com as metas conservacionistas delineadas para 2020, o Brasil deverá ter, pelo menos, 10% das áreas costeiras e marinhas conservadas por meio de um sistema de áreas protegidas (CDB, 2006).

A análise do desenvolvimento das nações mostra que desde a Revolução Industrial houve um aumento significativo nas intervenções exploratórias sobre os ambientes naturais, provocando modificações severas e, muitas vezes, irreversíveis nos ecossistemas naturais do mundo todo.

No Sudeste brasileiro, o ciclo da cultura cafeeira na segunda metade do século XIX, seguido pela expansão das indústrias de papel e celulose e dos centros urbanos, provocou a redução sistemática de grandes extensões de floresta nativa. Estudos realizados no final da década de 1980 já apontavam que a grande maioria dos remanescentes florestais próximos aos centros urbanos era constituída por mata secundária. Segundo Brown e Lugo (1990), naquela época as florestas secundárias já ocupavam mais do que 600 milhões de hectares nas áreas silvestres tropicais.

Figura 4.2 – Ecossistemas e fatores preponderantes que causam impactos ambientais e modificações na biodiversidade

| | | Mudanças de hábitat | Mudanças climáticas | Espécies invasoras | Sobre--explotação | Poluição (nitrogênio, fósforo) |
|---|---|---|---|---|---|---|
| Floresta | Boreal | ↗ | ↑ | ↗ | → | ↑ |
| | Temperada | ↘ | ↑ | ↑ | → | ↑ |
| | Tropical | ↑ | ↑ | ↑ | ↗ | ↑ |
| Terras secas | Campos temperados | ↗ | ↑ | → | → | ↑ |
| | Mediterrâneo | ↗ | ↑ | ↑ | → | ↑ |
| | Campos e savanas tropicais | ↗ | ↑ | ↑ | → | ↑ |
| | Desertos | → | ↑ | → | → | ↑ |
| Águas continentais | | ↑ | ↑ | ↑ | → | ↑ |
| Ecossistemas costeiros | | ↗ | ↑ | ↗ | ↗ | ↑ |
| Ecossistemas marinhos | | ↑ | ↑ | → | ↗ | ↑ |
| Ilhas | | → | ↑ | → | → | ↑ |
| Montanhas | | → | ↑ | → | → | ↑ |
| Polar | | ↗ | ↑ | → | ↗ | ↑ |

Impacto do fator sobre a biodiversidade durante o último século:
- Baixo
- Moderado
- Alto
- Muito alto

Tendência atual do fator:
- ↘ Impacto decrescente
- → Impacto constante
- ↗ Impacto crescente
- ↑ Aumento muito rápido do impacto

Fonte: CDB, 2006.

# Recursos naturais, biodiversidade e unidades de conservação

Nesse contexto, tomadas de decisões que objetivem minimizar a perda da diversidade biológica se fazem urgentes e o estabelecimento de unidades de conservação vem sendo uma ação política adotada globalmente dentro dos programas de desenvolvimento sustentável.

Como participante das iniciativas de conservação da diversidade biológica, o governo brasileiro legitimou o Decreto Legislativo n. 2, em 3 de fevereiro de 1994 (Brasil, 1994b). O documento aprova o texto da CDB, assinada durante a Conferência das Nações Unidas sobre Meio Ambiente e Desenvolvimento, realizada na cidade do Rio de Janeiro em 1992. Tal decreto reconhece os valores que a diversidade biológica tem, incluindo a relevância das suas características ecológicas, genéticas, científicas, culturais, educacionais, econômicas e estéticas. Reafirma, também, que os Estados são soberanos em seus direitos sobre os recursos biológicos próprios e responsáveis pela utilização sustentável destes e pela conservação da biodiversidade.

Por sua vez, a convenção tem por objetivo agregar esforços para a conservação da biodiversidade por meio de uma cooperação na qual os estados se comprometem a assinar uma carta de intenções voltadas a essa finalidade. Isso inclui:

> a utilização sustentável de seus recursos e a repartição justa e equitativa dos benefícios derivados da utilização dos recursos genéticos, mediante, inclusive, o acesso adequado aos recursos genéticos e a transferência adequada de tecnologias pertinentes, levando em conta todos os direitos sobre tais recursos e tecnologias, e mediante financiamento adequado. (CDB, 2006)

Entre as ações propostas, estão os programas de trabalho temáticos, que visam auxiliar a gestão integrada da terra, da água e dos recursos vivos.

Quadro 4.2 – Programas de trabalho e linhas de ação da Convenção da Biodiversidade

| Tema do programa de trabalho | Linhas de ação |
|---|---|
| Biodiversidade agrícola | Analisar o estado atual e as tendências da biodiversidade agrícola mundial.<br>Identificar práticas de manejo e tecnologias que promovam os impactos positivos da agricultura sobre a biodiversidade e amenizem os negativos.<br>Fortalecer a capacidade dos fazendeiros e das comunidades indígenas e os locais de manejar a biodiversidade agrícola de forma sustentável.<br>Desenvolver planos ou estratégias para a conservação e o uso sustentável da biodiversidade agrícola. |
| Diversidade biológica de áreas secas e subúmidas | Avaliar o estado atual e as tendências da biodiversidade em áreas secas e subúmidas.<br>Identificar áreas específicas que tenham valor para a biodiversidade.<br>Desenvolver indicadores para a biodiversidade de áreas subúmidas.<br>Produzir conhecimento sobre os processos ecológicos, físicos e sociais que afetam a biodiversidade.<br>Identificar benefícios locais e globais derivados da biodiversidade das áreas secas e subúmidas.<br>Identificar práticas de manejo mais adequadas e promover medidas para a conservação e o uso sustentável da biodiversidade.<br>Apoiar modos de vida sustentáveis. |
| Diversidade biológica de florestas | Aplicar a abordagem ecossistêmica à gestão de florestas.<br>Reduzir as ameaças à biodiversidade das florestas.<br>Proteger, recuperar e restaurar a biodiversidade das florestas.<br>Promover o uso sustentável da biodiversidade das florestas.<br>Promover a repartição dos benefícios resultantes do uso da biodiversidade das florestas.<br>Fortalecer o ambiente institucional favorável.<br>Abordar as falhas e as distorções socioeconômicas.<br>Aumentar o nível de educação, participação e percepção do público.<br>Aprimorar a avaliação da biodiversidade e a compreensão sobre o funcionamento dos ecossistemas florestais.<br>Aprimorar a gestão da informação para avaliação e monitoramento. |
| Biodiversidade de águas continentais | Integrar a biodiversidade aos setores de recursos hídricos e gestão de bacias fluviais e a planos e políticas setoriais relevantes.<br>Estabelecer e manter sistemas de ecossistemas de águas continentais protegidos.<br>Impedir a introdução de espécies exóticas invasoras.<br>Encorajar a aplicação de tecnologias de baixo custo e abordagens inovadoras na gestão dos recursos. |

(continua)

(Quadro 4.2 – conclusão)

| Tema do programa de trabalho | Linhas de ação |
|---|---|
| Biodiversidade montana | Impedir e minimizar os impactos das principais ameaças à biodiversidade montana.<br>Proteger, recuperar e restaurar a biodiversidade montana.<br>Promover o uso sustentável dos recursos biológicos montanos.<br>Promover o acesso aos benefícios advindos do uso de recursos genéticos e sua repartição.<br>Manter a diversidade genética dos ecossistemas montanos.<br>Aprimorar a estrutura legal e político-institucional.<br>Preservar o conhecimento e as práticas das comunidades indígenas e locais.<br>Estabelecer colaborações regionais transfronteiriças.<br>Aprimorar a identificação, a avaliação e o monitoramento da biodiversidade montana.<br>Aprimorar a pesquisa, a cooperação, a transferência de tecnologia e outras formas de desenvolvimento de capacidade.<br>Aumentar o nível de educação, participação e percepção do público. |
| Biodiversidade de ilhas | Conservar e restaurar os principais ecossistemas terrestres e marinhos importantes para a biodiversidade, as sociedades e as economias insulares.<br>Estabelecer sistemas nacionais e regionais de áreas protegidas a fim de conservar populações viáveis de espécies insulares selecionadas.<br>Aprimorar o conhecimento sobre o material genético significativo para as ilhas e conservá-lo.<br>Impedir a movimentação de espécies exóticas invasoras entre e dentro de ilhas e desenvolver planos de manejo de longo prazo para espécies prioritárias.<br>Implementar medidas de adaptação e mitigação relacionadas às mudanças climáticas no uso da terra e no planejamento e estratégias para a zona costeira. |

Fonte: Adaptado de CDB, 2006.

## 4.2 A gestão das áreas naturais protegidas

Além do ato de criação, a instituição de uma unidade de conservação em qualquer instância de governo requer a observação de outro ponto importante para seu efetivo funcionamento: a gestão.

Em seu Capítulo IV, o Snuc discorre sobre a criação, a implantação e a gestão das unidades de conservação, estabelecendo também que o ato de criação de uma unidade deve ser precedido por estudos técnicos e consultas públicas que possam auxiliar a identificação das melhores condições de localização, tamanho e limites para a unidade.

O capítulo ainda preconiza que todas as unidades de conservação devem dispor de um plano de manejo, definido no próprio Snuc como um

> documento técnico mediante o qual, com fundamento nos objetivos gerais de uma unidade de conservação, se estabelece o seu zoneamento e as normas que devem presidir o uso da área e o manejo dos recursos naturais, inclusive a implantação das estruturas físicas necessárias à gestão da unidade. (Brasil, 2000)

Durante anos, a elaboração dos planos de manejo era feita por uma equipe de técnicos que muitas vezes tinham excelência de conhecimento em suas áreas de atuação, mas não conheciam a região na qual a unidade estava inserida ou sequer a própria unidade. Além disso, a coleta de informações e as decisões de manejo não contemplavam a incorporação das populações residentes na área abrangida pela unidade, bem como no seu entorno.

No sentido de estruturar um documento que pudesse servir como referência nacional, o Ibama produziu um roteiro metodológico de planejamento para as unidades de proteção, com foco nas categorias de Parque Nacional, Reserva Biológica e Estação Ecológica (Galante; Beserra; Menezes, 2002). Segundo o Ibama, tal roteiro serve também para a elaboração de planos de manejo em unidades similares nos âmbitos estadual e municipal.

Esse documento considera que o plano de manejo deve apresentar três abordagens distintas (Galante; Beserra; Menezes, 2002):

1. Enquadramento: Deve relatar como a unidade de conservação está posicionada nos níveis internacional, federal e estadual, com destaque para sua significância e suas oportunidades.
2. Diagnósticos: Compreendem caracterizações ambientais, socioambientais e institucionais da unidade.
3. Proposições: Abarcam as conjecturas das situações de conflito, revertendo, minimizando e otimizando aquelas consideradas favoráveis aos objetivos da proteção integral da área.

O documento final deve ser composto por seis encartes, cujas informações contidas em cada um deverão estruturar os capítulos da publicação.

# Recursos naturais, biodiversidade e unidades de conservação

**Encartes necessários no documento final de um plano de manejo**

Encarte 1

Contextualização da unidade de conservação: enquadra a unidade em três grandes cenários:

1. Cenário Internacional: pertinente às unidades de conservação específicas que contemplem um ou mais dos seguintes casos: a) quando localizadas em área de fronteira do Brasil com outros países; b) quando dispuserem de certificação de proteção internacional; e c) quando englobarem recursos e/ou situações objeto de convenções, acordos e programas compartilhados pelo Brasil.

2. Cenário Federal: mostra a importância da Unidade de Conservação para o Sistema Nacional de Unidades de Conservação.

3. Cenário Estadual: associa a Unidade de Conservação a situações ambientais do Estado que podem caracterizar oportunidades para compor corredores ecológicos, mosaicos e outras formas de parcerias.

Encarte 2

Análise regional: trata dos municípios abrangidos pelos limites da unidade de conservação e aqueles abrangidos pela zona de amortecimento, identificando as oportunidades e ameaças que estes oferecem à unidade.

Encarte 3

Unidade de conservação: apresenta as características bióticas e abióticas e os fatores antrópicos, culturais e institucionais da unidade de conservação. Identifica os pontos fortes e fracos inerentes, bem como as lacunas de conhecimento sobre a unidade, fornecendo assim um embasamento para os encartes 4, 5 e 6.

Encarte 4

Planejamento: aborda a estratégia de manejo da unidade e do seu relacionamento com o entorno.

Encarte 5

Projetos específicos: detalham situações especiais. Serão desenvolvidos e implementados após a conclusão do plano de manejo.

Encarte 6

Monitoria e avaliação: estabelecem os mecanismos de controle da eficiência, eficácia e efetividade da implementação do planejamento

Fonte: Adaptado de Galante; Beserra; Menezes, 2002.

## 4.3 Zoneamento

A proposta de utilizar a técnica de zoneamento no planejamento de uma unidade de conservação tem o objetivo de identificar, após levantamentos específicos, a vocação de cada área dentro da unidade e de definir as estratégias de manejo a serem implantadas.

Segundo o Snuc, o zoneamento em uma unidade de conservação é o ato da definição de setores, ou zonas, providas de metas de manejo e normas específicas, com a finalidade de proporcionar os meios e as condições para que todos os objetivos da unidade sejam alcançados de forma harmônica e eficaz.

O ordenamento territorial concebido pelo zoneamento da unidade deve abranger todas as categorias de manejo contempladas no Snuc. Pelo modelo proposto no roteiro metodológico, nas unidades de conservação de proteção integral podem ser consideradas as zonas descritas a seguir.

### Zoneamento recomendado para unidades de conservação de proteção integral

- **Zona Intangível**
  É aquela na qual a primitividade da natureza permanece o mais preservada possível. Logo, não são toleradas quaisquer alterações humanas, representando o mais alto grau de preservação. Funciona como matriz de repovoamento de outras zonas nas quais já são permitidas atividades humanas regulamentadas. É, portanto, dedicada à proteção integral dos ecossistemas.

- **Zona Primitiva**
  É aquela onde tenha ocorrido pequena ou mínima intervenção humana, contendo espécies da flora e da fauna ou fenômenos naturais de grande valor científico. Deve ter características de transição entre a Zona Intangível e a Zona de Uso Extensivo. O objetivo geral do manejo é a preservação do ambiente natural e, ao mesmo tempo, a facilitação das atividades de pesquisa científica e educação ambiental, permitindo-se formas primitivas de recreação.

- **Zona de Uso Extensivo**
  É aquela constituída em sua maior parte por áreas naturais, podendo apresentar algumas alterações humanas. Caracteriza-se como uma transição entre a Zona Primitiva e a Zona de Uso Intensivo. O objetivo do manejo é a manutenção de um ambiente natural com mínimo impacto humano, apesar de oferecer acesso aos públicos com facilidade, para fins educativos e recreativos.

(continua)

# Recursos naturais, biodiversidade e unidades de conservação

(continuação)

- Zona de Uso Intensivo
  É aquela constituída por áreas naturais ou alteradas pelo homem. O ambiente é mantido o mais próximo possível do natural, devendo conter centro de visitantes, museus, além de outras facilidades e serviços. O objetivo geral do manejo é o de facilitar a recreação intensiva, realizando educação ambiental em harmonia com o meio.

- Zona Histórico-Cultural
  É aquela onde são encontradas amostras do patrimônio histórico/cultural ou arqueopaleontológico, que serão preservadas, estudadas, restauradas e interpretadas para o público. Servirão à pesquisa, à educação e ao uso científico. O objetivo geral do manejo é o de proteger sítios históricos ou arqueológicos, em harmonia com o meio ambiente.

- Zona de Recuperação
  É aquela que contém áreas consideravelmente antropizadas. A zona de recuperação tem caráter provisório e, uma vez recuperada, será incorporada novamente a uma das zonas permanentes. As espécies exóticas introduzidas deverão ser removidas e a recuperação ambiental deverá ser natural ou naturalmente induzida. O objetivo geral de manejo é deter a degradação dos recursos, recuperando a área. A zona permite uso público somente para fins educacionais.

- Zona de Uso Especial
  É aquela que contém as áreas necessárias à administração, à manutenção e aos serviços da unidade de conservação, abrangendo habitações, oficinas e outros. Essas áreas serão escolhidas e controladas de forma a não conflitarem com seu caráter natural e devem se localizar, sempre que possível, na periferia da unidade de conservação. O objetivo geral de manejo é minimizar o impacto da implantação das estruturas ou os efeitos das obras no ambiente natural ou cultural da unidade.

- Zona de Uso Conflitante
  Constituem-se em espaços localizados dentro de uma unidade de conservação, cujos usos e finalidades, estabelecidos antes da criação da unidade, conflitam com os objetivos de conservação da área protegida. São áreas ocupadas por empreendimentos de utilidade pública, como gasodutos, oleodutos, linhas de transmissão, antenas, captação de água, barragens, estradas, cabos óticos e outros. Seu objetivo de manejo é contemporizar a situação existente, estabelecendo procedimentos que minimizem os impactos sobre as unidades de conservação.

- Zona de Ocupação Temporária
  São áreas dentro das unidades de conservação nas quais ocorrem concentrações de populações humanas residentes e as respectivas áreas de uso. Trata-se de uma zona provisória que, uma vez realocada a população, será incorporada a uma das zonas permanentes.

(conclusão)

- **Zona de Superposição Indígena**
  É aquela que contém áreas ocupadas por uma ou mais etnias indígenas, superpondo partes da unidade. São áreas subordinadas a um regime especial de regulamentação, sujeitas à negociação caso a caso entre a etnia, a Fundação Nacional do Índio (Funai) e o Ibama. Trata-se de uma zona provisória que, uma vez regularizadas as eventuais superposições, será incorporada a uma das zonas permanentes.

- **Zona de Interferência Experimental**
  Específica para as estações ecológicas, é constituída por áreas naturais ou alteradas pelo homem. São sujeitas a alterações definidas no art. 9, parágrafo 4 e seus incisos da lei do Snuc, quando para o desenvolvimento de pesquisas, correspondendo ao máximo de três por cento da área total da estação ecológica. É limitada até mil e quinhentos hectares, conforme previsto em lei. O seu objetivo é o desenvolvimento de pesquisas comparativas em áreas preservadas.

- **Zona de Amortecimento**
  Configura-se no entorno de uma unidade de conservação, sendo o local no qual as atividades humanas estão sujeitas a normas e restrições específicas, com o propósito de minimizar os impactos negativos sobre a unidade (Lei n. 9.985/2000, art. 2, inciso XVIII).

Fonte: Adaptado de Galante; Beserra; Menezes, 2002.

No que tange às Reservas Particulares do Patrimônio Natural (RPPN), as zonas diferem das já descritas neste capítulo, pois, segundo Ferreira, Castro e Carvalho (2004), nas áreas particulares de proteção da natureza prevalecem os objetivos de pesquisa e visitação. Além disso, os autores acrescentam que as RPPN podem ter um número menor de zonas contempladas em seus planos de manejo, facilitando a gestão da unidade pelos proprietários.

Assim, são definidas para as RPPN as zonas descritas a seguir.

**Zoneamento proposto para as Reservas Particulares do Patrimônio Natural.**

- **Zona Silvestre**
  Contém áreas nas quais se tenha detectado a integridade dos ecossistemas para que seja destinada primordialmente à conservação da biodiversidade.

- **Zona de Proteção**
  Contém áreas com pequeno grau de intervenção humana, sendo permitida a realização de pesquisa, monitoramento e visitação de baixo impacto.

(continua)

(conclusão)

- **Zona de Visitação**
  Constituída por áreas de características essencialmente naturais, nas quais se permite atividades de visitação associadas à conservação. Geralmente é adotada em locais que contenham atrativos que justifiquem a visitação.

- **Zona de Administração**
  Deve ser implantada preferencialmente em locais já alterados e na periferia da reserva para abrigar a infraestrutura administrativa da área.

- **Zona de Transição**
  Geralmente implantada no perímetro da reserva com a finalidade de servir como uma faixa de proteção do interior da área, absorvendo os impactos oriundos do entorno.

- **Zona de Recuperação**
  Zona temporária, destinada à recuperação ambiental nos casos em que houver essa necessidade. As ações de recuperação devem ser definidas pelo plano de manejo e, após recuperada, deve ser reclassificada em uma das zonas de caráter permanente.

Fonte: Adaptado de Ferreira; Castro; Carvalho, 2004.

Independentemente da categoria de manejo na qual a unidade de conservação se enquadra, após a proposição do zoneamento, o documento do plano de manejo deve apresentar um mapa de ordenamento da área interna da unidade identificando a localização de cada zona. Esse mapa deve, necessariamente, estar de acordo com o texto que descreve o zoneamento e apresentar cada uma das zonas propostas, seus objetivos, normas e limites.

O aperfeiçoamento do sistema de zoneamento de uma unidade de conservação se dá com base nos parâmetros indicados pelos levantamentos de dados primários e secundários feitos na ocasião de caracterização da área. Tais levantamentos trazem informações sobre o grau de preservação ou de intervenção antrópica, as quais podem contribuir na identificação da vocação dos trechos em análise e na congruência dos dados com as singularidades apresentadas pela unidade de conservação.

O Quadro 4.3 mostra um agrupamento das zonas segundo o grau de intervenção humana sofrida pelas diferentes áreas dentro de uma unidade de conservação.

Quadro 4.3 – Agrupamento de zonas segundo o grau de intervenção antrópica

| Zonas de nenhuma ou baixa intervenção | Zonas de média intervenção | Zonas de alto grau de intervenção |
|---|---|---|
| • Intangível<br>• Primitiva | • Uso extensivo<br>• Histórico-cultural | • Uso intensivo<br>• Uso especial<br>• Uso conflitante<br>• Recuperação<br>• Ocupação temporária<br>• Superposição indígena<br>• Interferência experimental |

Fonte: Galante; Beserra; Menezes, 2002.

Considerando as singularidades apresentadas por cada unidade, a análise da área para implantação do sistema de zoneamento deve abranger os critérios físicos e biológicos mensuráveis ou espacializáveis. Ainda de acordo com Galante, Beserra e Menezes (2002), aconselha-se englobar os critérios elencados no Quadro 4.4 no procedimento de identificação de vocação de uma área para o zoneamento.

Quadro 4.4 – Critérios de análise para identificação da vocação de uma área no zoneamento de uma unidade de conservação

| Critérios | Áreas analisadas | | |
|---|---|---|---|
|  | Alto | Médio | Baixo ou Inexistente |
| Grau de conservação da vegetação | X | | |
| Variabilidade ambiental | X | | |
| Representatividade | X | | |
| Riqueza e/ou diversidade de espécies | X | | |
| Áreas de transição | X | | |
| Suscetibilidade ambiental | | | X |
| Presença de sítios arqueológicos e/ou paleontológicos | | | X |
| Potencial de visitação | | X | |
| Potencial para conscientização ambiental | | X | |
| Presença de infraestrutura | | | X |
| Uso conflitante | | | X |
| Presença de população | | | X |
| Vocação da área | Zona de baixa intervenção | | |

Fonte: Galante; Beserra; Menezes, 2002.

# Recursos naturais, biodiversidade e unidades de conservação

Devemos conceber que todo planejamento se constitui em um modelo teórico para a ação e, como tal, deve estar incluído num processo contínuo de atualização. Falamos isso principalmente quando ele é feito para o manejo de áreas naturais, cujos componentes são dinâmicos e seguem a dinâmica de um grau maior de complexidade de interações e abrangência, a natureza.

Tornar os planos de manejo instrumentos da gestão de áreas protegidas significa assegurar a manutenção e a atualização de suas propostas a fim de não deixar lacunas. Além disso, pretende-se evitar o distanciamento entre as ações desenvolvidas na unidade e as premissas de gestão dessa unidade, as quais foram elaboradas com base em análises das realidades locais e regionais.

Desde que criada, a unidade de conservação deve ser dotada de um plano de manejo em um prazo de cinco anos, como prevê o Snuc. Além disso, por ter características de planejamento contínuo e participativo, é tecnicamente recomendável que o plano de manejo seja revisado após cinco anos de vigência.

Como vimos, os planos de manejo são marcos referenciais de ordenamento e sistematização de dados e propostas voltadas às áreas naturais protegidas. Por essa razão, devemos considerar esse documento essencial para consulta pelos profissionais dedicados à conservação e à gestão da biodiversidade no Brasil.

## Estudo de caso

A implantação de uma unidade de conservação municipal

De acordo com Tomasulo (1995), em 1912, a prefeitura do município de Mogi das Cruzes, em São Paulo, adquiriu 352,3 hectares de terra de proprietários particulares. Essas terras, localizadas em uma cadeia montanhosa denominada Serra do Itapety, eram cobertas por um rico remanescente de Mata Atlântica, com o intuito de proteger mananciais de água que, a partir de então, seria captada para o abastecimento da cidade.

Essa atividade permaneceu ativa até 1951, quando a prefeitura transferiu a captação de água para outro local. Em 1970, uma lei municipal criou nessa área o Parque Municipal da Serra do Itapety, subordinado ao Conselho Municipal de Turismo. Na época, o parque tinha por finalidade proporcionar recreação à população e sediar um horto florestal e um viveiro de mudas municipal.

Ao longo do tempo, a prefeitura destinou suas atenções às atividades recreacionais apenas, implantando no parque estruturas como churrasqueiras e playgrounds. Construiu ainda represas, com oferta de pedalinhos, aviário, restaurante e até um teleférico, despertando a atenção não apenas do público da cidade de Mogi das Cruzes, mas também das cidades vizinhas e de muitos bairros pertencentes à zona leste da capital.

Assim, após sua inauguração, o parque passou a ser a principal atração de toda a região. O número de visitantes foi por muito tempo maior do que a capacidade da infraestrutura existente. Ao longo dos anos, recebendo milhares de pessoas a cada final de semana, a área foi sofrendo as consequências da falta de um planejamento adequado. Isso gerou, entre outros impactos, a depredação de árvores e plantas em geral, a contaminação das nascentes por meio das fossas dos sanitários, o acúmulo generalizado de lixo, além de casos de criminalidade.

Em 1987, um grupo de técnicos da cidade apresentou ao então prefeito municipal um projeto de estudos para a elaboração de um plano de manejo para a área, visando ao desenvolvimento de programas que pudessem amenizar as pressões exercidas sobre o parque. A intenção era eliminar conflitos e, ao mesmo tempo, preservar o importante remanescente de Mata Atlântica existente, proporcionando um lazer educativo para a população, conciliado à conservação da biodiversidade.

Nesse projeto, o parque teria a proposta de uma análise para divisão da área em seis diferentes zonas de utilização, caracterizadas conforme o art. 7, do Decreto Estadual 25.341, de 4 de junho de 1986 (São Paulo, 1986). Esse decreto regulamentava, naquela época, os parques estaduais paulistas, apresentando as seguintes divisões: Zona Intangível; Zona Primitiva; Zona de Uso Extensivo; Zona de Uso Intensivo; Zona de Recuperação e Zona de Uso Especial.

A efetiva implantação de um plano de manejo para o parque municipal exigia, entretanto, um conhecimento técnico sobre a flora e a fauna da área, o que a Administração Pública não tinha. Firmou-se, então, um convênio entre a prefeitura municipal e as instituições locais de ensino superior – a Universidade de Mogi das Cruzes e a Universidade Braz Cubas –, criando-se o Centro de Monitoramento Ambiental da Serra do Itapety (Cemasi), por meio da Lei Municipal n. 3.386, de 26 de dezembro de 1988 (Campello; Santos, 2010).

Como órgão civil de direito privado das duas universidades, o Cemasi teve por incumbência a realização de programas de pesquisa sobre a biodiversidade nas áreas de Mata Atlântica da Serra do Itapety.

Suas atividades constituíram, na época, os primeiros estudos sistemáticos sobre a vida silvestre da região, que revelaram a importância daquela serra como refúgio da vida silvestre. Em seus registros, os técnicos do Cemasi identificaram a presença de populações de espécies cada vez mais raras na região da Grande São Paulo, como o sagui-da-serra-escuro (Callithrix aurita), a jaguatirica (Felis pardalis), o palmito-juçara (Euterpe edulis) e o jequitibá-branco (Cariniana estrellensis). Foram também encontrados e identificados sítios arqueológicos de alto valor histórico-cultural no parque e nos seus arredores.

O plano de manejo foi entregue à prefeitura municipal de Mogi das Cruzes no ano de 1995 e descreveu importantes considerações sobre a área, como resultados dos estudos realizados. Entre os dados apontados, destacaram-se os seguintes:

K A área do parque foi tratada durante mais de uma década como parque urbano. Porém, segundo os estudos técnicos, as características ambientais dos seus ecossistemas revelaram a vocação do parque municipal como unidade de conservação da natureza, que merece um tratamento diferente do que vinha sendo exercido até então.

K As atividades a serem desenvolvidas no parque deveriam ter como objetivo o lazer educativo e contemplativo, associado à educação ambiental e à conservação da biodiversidade.

K O plano de manejo do parque indicou o desenvolvimento de três programas para a sua gestão. A saber: Programa de Manejo do Meio Ambiente, Programa de Uso Público e o Programa de Operações.

K Toda atividade de visitação estará subordinada aos ditames do Programa de Uso Público do plano de manejo. Segundo ele, até a implantação completa do plano, o número de visitantes máximo diário seria de 120 (cento e vinte) pessoas.

- No zoneamento da área do parque foram sugeridas as seguintes zonas:
  - A Zona Primitiva engloba toda a vegetação secundária em estágio tardio de regeneração e perfaz mais de 85% da área do parque. Nela, seriam permitidas apenas atividades de baixo impacto e visitas monitoradas, sendo o principal objetivo a conservação dos recursos bióticos.
  - A Zona de Uso Extensivo engloba as trilhas propostas no Programa de Uso Público do parque.
  - A Zona de Uso Intensivo engloba a área previamente destinada ao recebimento do público, com um Centro de Visitantes instalado na casa onde funcionava o antigo restaurante. Foram drenados os lagos, retirados os pedalinhos, o teleférico e as churrasqueiras, pois tais estruturas eram incompatíveis com os objetivos da unidade de conservação.
  - A Zona Histórico-Cultural foi estabelecida onde se encontrava um dos lagos do parque. Isso aconteceu porque, após a drenagem, foram encontrados vestígios da época da colonização dos bandeirantes na região e das prováveis populações indígenas que habitavam o local no período da pré-colonização.
  - A Zona de Recuperação foi prevista para os locais que seriam alvos de intervenção para recomposição da mata, sendo transitória. Uma vez recuperados, tais locais seriam incorporados às outras zonas permanentes que seriam designadas após estudos que indicassem sua vocação.
  - A Zona de Uso Especial seria implantada nos locais destinados à administração da unidade.

Na época, estudos para elaboração e implantação de planos de manejo em parques municipais eram raros, e o caso de Mogi das Cruzes foi um dos pioneiros no país. Hoje, vários parques municipais têm planos de uso e conservação dos seus recursos.

Embora os estudos da biota do Parque Municipal da Serra do Itapety tenham sido árduos, com investimentos de instituições privadas e do município, o seu plano de manejo nunca foi implantado na íntegra. Ainda assim, a área foi conservada e utilizada de uma forma mais condizente aos objetivos conservacionistas, tanto que é atualmente uma das mais preservadas na Serra do Itapety.

Logo após o término do plano de manejo, foi aprovada, no ano 2000, a lei federal que instituiu o Sistema Nacional de Unidades de Conservação, o Snuc. Essa lei ofereceu um suporte legal e técnico para a criação e a gestão das unidades de conservação.

Foi então que a gestão municipal de meio ambiente resolveu alterar a denominação do parque, seguindo o Snuc. Para isso, foram tomados como base os artigos 11 (que afirma que os parques criados pelo município devem ter a denominação Parque Natural Municipal) e 27 (que diz que as unidades de conservação devem dispor de um plano de manejo). Além disso, foram levadas em conta as determinações técnicas do Ibama de que um plano de manejo deve ser revisto a cada 5 anos (Galante; Beserra; Menezes, 2002). Assim, em 2008, o parque passou a ser oficialmente nomeado Parque Natural Municipal Francisco Affonso de Mello.

Ainda para estar de acordo com o Snuc, foi proposta uma revisão do plano de manejo, com o objetivo de rever os erros e acertos do passado e atualizar as informações e propostas de gestão para a área (Instituto Ecofuturo, 2011).

Assim, a Secretaria Municipal do Verde e Meio Ambiente de Mogi das Cruzes consolidou uma parceria com o Instituto Ecofuturo, que assumiu a coordenação técnica e executiva do projeto, no Programa Reservas Ecofuturo. A revisão do plano de manejo foi realizada com verba aprovada pela Câmara de Compensação Ambiental do Estado de São Paulo.

O novo plano de manejo foi entregue em 2011, tendo sido elaborado segundo as instruções do Roteiro Metodológico do Ibama (Galante; Beserra; Menezes, 2002) e trazendo informações novas e relevantes para a gestão atual do parque.

Uma dessas informações estava relacionada ao uso público do local. Houve maior atenção à vocação da área e às necessidades do parque, sendo acrescentado ao plano o Programa de Educação Ambiental (PEA), que propõe a realização de ações socioambientais dirigidas à população de Mogi das Cruzes e região.

Com relação ao zoneamento da unidade, a revisão ressaltou que a primeira versão, realizada antes da publicação do roteiro metodológico do Ibama, não apresentava as estratégias de avaliação do zoneamento e da sua efetividade. O plano revisto buscou maior detalhamento na configuração espacial e na subdivisão das zonas, atendendo às premissas do roteiro metodológico.

A subdivisão atual prevê a implantação das seguintes zonas de manejo: Zona de Recuperação, Zona de Uso Conflitante, Zona de Uso Especial, Zona de Uso Extensivo, Zona de Uso Intensivo, Zona Histórico–Cultural e Zona Primitiva. Define também a Zona de Amortecimento do parque, que perfaz suas imediações com área de cobertura de aproximadamente 2.057 hectares.

Houve, ainda, uma melhoria do inventário da biota do parque. A lista atual conta com 712 espécies, sendo 373 espécies da flora, 62 espécies de mamíferos, 207 espécies de aves, 65 espécies de répteis e anfíbios e 5 espécies de peixes. Desse total, 33 espécies estão ameaçadas de extinção, 180 são endêmicas da Mata Atlântica e 15 são consideradas exóticas e/ou invasoras. A Tabela 4.2 mostra um comparativo dos levantamentos da primeira versão do plano de manejo com a versão atual.

Tabela 4.2 – Números comparativos dos levantamentos da biota nas duas versões do plano de manejo do Parque Natural Municipal Francisco Affonso de Mello

| Grupos taxonômicos | Número de espécies | |
|---|---|---|
| | Atual | 1995 |
| Vegetação | 373 | 205 |
| Mastofauna | 62 | 42 |
| Avifauna | 207 | 119 |
| Herpetofauna | 65 | 44 |
| Ictiofauna | 05 | — |
| Entomofauna | — | 112 |
| Total | 712 | 522 |

Fonte: Adaptado de Tomasulo, 2011.

# Recursos naturais, biodiversidade e unidades de conservação

## Síntese

Neste capítulo, abordamos uma das principais ferramentas utilizadas para a criação e a gestão das áreas naturais protegidas: o Sistema Nacional de Unidades de Conservação (Snuc). Além disso, falamos sobre as categorias de manejo de proteção integral e de uso sustentável, mostrando como o estabelecimento uma categoria de manejo adequada à realidade da unidade é importante para seus objetivos de conservação da biodiversidade, e como os planos de manejo e o zoneamento da unidade auxiliam os gestores a tratar cada zona de acordo com sua vocação.

Conhecemos também um estudo de caso sobre a elaboração de um plano de manejo para um Parque Natural Municipal e a importância que essa iniciativa teve para a conservação no município de Mogi das Cruzes, em São Paulo.

## Questões para revisão

1. Assinale as afirmativas a seguir como verdadeiras (V) ou falsas (F). Depois, marque a alternativa que corresponde à sequência correta:

   ( ) O documento técnico utilizado para a gestão de uma unidade de conservação é denominado plano de manejo.

   ( ) A Zona Silvestre é um tipo de zona compatível com as unidades de proteção integral, em especial os Parques Nacionais.

   ( ) A zona intangível é um local de prioridade para conservação da biodiversidade numa unidade de conservação que, por definição, deve ser preferencialmente livre de intervenções humanas.

   ( ) As unidades de conservação de proteção integral têm por objetivo principal a utilização indireta dos recursos naturais.

   ( ) As unidades de conservação de uso sustentável têm por objetivo principal associar de maneira compatível a conservação da natureza e a utilização sustentável dos seus recursos.

a. V, F, V, V, V.
   b. V, F, F, V, V.
   c. F, F, V, V, V.
   d. V, F, V, F, V.

2. Assinale as afirmativas a seguir como verdadeiras (V) ou falsas (F). Depois, marque a alternativa que corresponde à sequência correta:
   ( ) No Snuc, não há previsão para que áreas particulares se tornem unidades de conservação, pois todo seu direcionamento está voltado à gestão de áreas de domínio governamental.
   ( ) As unidades de conservação mais adequadas para a proteção de hábitats que resguardam espécies ameaçadas de extinção são aquelas pertencentes ao grupo de uso sustentável.
   ( ) As estações ecológicas fazem parte do grupo de unidades de conservação de uso sustentável.
   ( ) As reservas biológicas fazem parte do grupo de unidades de conservação de uso sustentável.
   ( ) As reservas extrativistas visam à conciliação do uso dos recursos naturais e à conservação da biodiversidade, o que justifica sua inclusão no grupo de unidades de conservação de proteção integral.
   a. V, V, V, V, V.
   b. V, F, F, V, F.
   c. F, F, F, F, F.
   d. V, F, F, F, F.

3. Assinale as afirmativas a seguir como verdadeiras (V) ou falsas (F). Depois, marque a alternativa que corresponde à sequência correta:
   ( ) As florestas nacionais são unidades de conservação de uso sustentável.
   ( ) Os monumentos naturais são unidades de conservação de uso sustentável.
   ( ) A Convenção sobre Diversidade Biológica (CDB) reconhece o valor intrínseco que a biodiversidade e seus componentes têm, mas

## Recursos naturais, biodiversidade e unidades de conservação

é incompleta, pois não relaciona a biodiversidade aos valores genético, educacional, recreativo, cultural e estético.

( ) Segundo alguns autores, as reações anticonservacionistas das pessoas com relação aos parques podem estar relacionadas à forma com que suas famílias foram retiradas de suas antigas terras para que tais regiões se tornassem unidades de conservação.

( ) Uma área destinada a se tornar uma unidade de conservação, onde foram encontradas comunidades de seringueiros, teria maior apelo conservacionista para ser incluída na categoria de floresta nacional.

a. V, F, F, V, V.
b. V, F, F, V, F.
c. F, V, V, V, F.
d. V, F, V, F, V.

4. No que diz respeito à gestão de uma área natural protegida, quais são as consequências da não implantação do zoneamento no seu território?

5. É possível a convivência harmônica entre as unidades de conservação e as populações tradicionais e povos da floresta?

### Questão para reflexão

Qual a relevância da orientação dada pelo Snuc para que o ato de criação de uma unidade seja precedido por estudos técnicos e consultas públicas?

**Para saber mais**

É imprescindível, para qualquer profissional que trabalha com gestão da biodiversidade, saber todos os parâmetros que regulamentam o Sistema Nacional de Unidades de Conservação da Natureza (Snuc). Para isso, é indispensável a leitura, na íntegra, da lei que regulamenta esse sistema:

BRASIL. Lei n. 9.985, de 18 de julho de 2000. Diário Oficial da União, Poder Legislativo, Brasília, DF, 19 jul. 2000. Disponível em: <http://www.planalto.gov.br/ccivil_03/leis/l9985.htm>. Acesso em: 21 set. 2014.

# Capítulo 5

# Manejo da flora: estudos para a gestão da biodiversidade

## Conteúdos do capítulo

- Aspectos gerais das Pesquisas de Longa Duração e do método de Avaliação Ecológica Rápida (AER).
- Metodologia utilizada para o levantamento qualitativo da vegetação.
- Metodologia utilizada para o levantamento quantitativo da vegetação.

## Após o estudo deste capítulo, você será capaz de:

1. entender as metodologias utilizadas em levantamentos de longa duração;
2. analisar as metodologias aplicadas em levantamentos rápidos da flora, voltados para o inventário da biodiversidade;
3. entender os aspectos gerais das Pesquisas de Longa Duração e do método AER.

O conhecimento científico compilado nas últimas décadas não nos deixa dúvidas de que vários ecossistemas brasileiros encontram-se fragilizados pela degradação que sofrem. Consequência óbvia: muitos estão ameaçados de desaparecimento.

Os levantamentos de campo constituem ferramentas fundamentais para implantação de projetos que contemplem a gestão in situ da biodiversidade. De maneira geral, eles envolvem métodos qualitativos e quantitativos, cujos dados são utilizados em diversos tipos de proposições de manejo em áreas protegidas, em áreas que passarão por recuperação ambiental, nos estudos da biologia de populações e comunidades e, ainda, no combate à extinção de espécies ameaçadas, entre outras.

Em 1997, uma iniciativa do Conselho Nacional de Desenvolvimento Científico e Tecnológico (CNPq) propôs a elaboração de um Programa de Pesquisas Ecológicas de Longa Duração (Peld). O programa visa apoiar projetos de longo prazo em sítios de pesquisa permanentes nos diversos biomas e ecossistemas do país, instituindo uma rede para a conservação da biodiversidade e o uso sustentável dos recursos naturais.

O Peld foi regulamentado em 2011 e até a presente data foram estabelecidos 28 sítios de pesquisa. Destaca-se no cenário nacional por ser fomentado pelo Governo, formar recursos humanos na área da conservação e consolidar sítios e equipes de pesquisa com a abordagem de longa duração (CNPq, 2014).

No Brasil, a iniciativa mais bem-sucedida de pesquisa de longa duração, no entanto, começou bem antes, em 1979, com o Projeto Dinâmica Biológica de Fragmentos Florestais (PDBFF), uma cooperação científica entre o Instituto Nacional de Pesquisas da Amazônia (Inpa) e o Smithsonian Institution.

O PDBFF tem como principal objetivo conduzir estudos comparativos entre os diversos grupos de organismos, quando seus hábitats são submetidos à fragmentação e os ecossistemas remanescentes estão inseridos em fragmentos de diversos tamanhos e graus de isolamento. Esse projeto toma como base os pressupostos do planejamento de reservas fundamentados na Teoria da Biogeografia de Ilhas, a ser explicada mais adiante.

Embora pareça não haver limitações metodológicas nas pesquisas de longa duração, devemos conceber que tais projetos demandam um grande período de tempo. Isso faz com que o projeto esteja atrelado a um grande investimento financeiro, inviabilizando-o quando há restrições financeiras para investimento em pesquisa.

Dessa forma, projetos de curta duração são alternativas bastante atraentes e eficazes na contribuição para a conservação da biodiversidade. No sentido de propor uma metodologia que pudesse caracterizar a biodiversidade de forma rápida, com custos reduzidos e, ao mesmo tempo, eficiente no tratamento e na sistematização dos dados coletados, a The Nature Conservancy (TNC) desenvolveu um modelo denominado Avaliação Ecológica Rápida (AER) (Sayre et al., 2000).

A técnica de AER foi aplicada pela primeira vez no ano de 1988 pela TNC numa floresta tropical do Paraguai. Seus resultados foram suficientes para identificar 21 espécies de plantas ameaçadas de extinção em nível nacional e 44 espécies de aves classificadas na categoria "em perigo", além de ser satisfatória para auxiliar a implementação de zonas de manejo da vida silvestre dentro da reserva prospectada. No Brasil, a primeira forma de aplicação da AER ocorreu entre os anos de 1989 e 1990, no Estado do Mato Grosso, auxiliando a identificação de áreas prioritárias para a conservação naquele estado (Sayre et al., 2000).

De fato, projetos recentes que utilizaram a AER como forma de obtenção de dados apontam a eficiência dessa metodologia na geração de informações que possam servir ao planejamento da conservação e em diferentes escalas de abordagem. Tomasulo (2011) utilizou tal avaliação no reconhecimento dos tipos vegetacionais e florísticos, cujos dados compuseram a revisão do plano de manejo de um parque natural municipal no município de Mogi das Cruzes, São Paulo.

Além das campanhas de campo, o autor utilizou dados secundários já existentes em levantamentos prévios na área. Isso incluiu material de imagens geradas por sensoriamento remoto. Os resultados obtidos foram suficientes para contribuir na caracterização da biota do parque, bem como para a nova proposta de zoneamento da área e para proposições de manejo e conservação da biodiversidade local.

Realmente, de acordo com Sayre et al. (2000), as experiências com a técnica de AER conduzidas pela TNC foram positivas e confirmam que ela é capaz de enfatizar os seguintes aspectos, relacionados pelos autores da seguinte forma:

> Velocidade: do planejamento inicial à publicação final, uma AER leva geralmente cerca de um ano. A rapidez na execução de uma AER ajuda a reduzir custos e a produzir informações úteis antes que a área de estudo seja alterada.
>
> Planejamento cuidadoso e treinamento: um planejamento cuidadoso desde o princípio economiza tempo e dinheiro, do mesmo modo que um treinamento antecipado garante uma abordagem consistente.
>
> Avaliações em nível de espécie e de paisagem: as AER caracterizam a biodiversidade em dois níveis organizacionais: em nível de paisagem (filtro grosso) e em nível de espécie (filtro fino).
>
> Novas tecnologias de mapeamento: novas tecnologias espaciais, como o Sistema Geográfico de Informação, Sensoreamento Remoto e Sistema Global de Posicionamento (GPS), se combinam ao crescente poder dos microcomputadores e a programas de computador inovadores para criar ferramentas de mapeamento extraordinárias.
>
> Documentação científica cuidadosa: métodos de classificação, amostragem e levantamento foram desenvolvidos e aperfeiçoados para ajudar a realizar avaliações de biodiversidade em espaços curtos de tempo.
>
> Capacitação e parcerias: o incentivo à cooperação entre parceiros de conservação fortalece a capacidade local e aumenta as chances de que as decisões tomadas tenham apoio local.

Fonte: Sayre et al., 2000, p. 3.

É evidente que a técnica de AER não é perfeita. Apesar de avaliar como positiva a aplicação da AER no planejamento da gestão de áreas protegidas, Tomasulo (2011) enumerou algumas limitações metodológicas dessa técnica enfrentadas por suas equipes de levantamentos de biodiversidade. Entre elas, destacou que, pela rapidez exigida na coleta de dados de campo, está implícita a necessidade da escolha de áreas pontuais para a amostragem da biodiversidade – sendo, portanto, parcial. Porém, após a análise dos dados, os resultados são assumidos para a área total da reserva.

Além disso, Tomasulo (2011) identificou que o curto prazo para a realização dos trabalhos não permitiu estabelecer relações de sazonalidade para a ocorrência das espécies dentro da reserva e suas implicações ecológicas nas relações bióticas e abióticas nos ecossistemas que habitam.

Pouco tempo depois da proposição da AER pela TNC, outra organização não governamental, a Conservation International (CI), criou um programa denominado Programa de Avaliação Biológica Rápida (Rapid Assessment Program – RAP) em 1990 (Conservation International, 2012).

Segundo a CI, o RAP foi concebido após a identificação de alguns problemas detectados e classificados como importantes nas pesquisas de campo, principalmente aqueles relacionados às limitações existentes na destinação de recursos financeiros para projetos de conservação, à logística e à necessidade de recursos humanos especializados e disponíveis para realizar levantamentos biológicos.

Associada a tais problemas, Fonseca (2001) relata a crescente ameaça aos ecossistemas naturais enfrentada pelos países tropicais, a maior parte deles nações em fase de desenvolvimento. Para o autor, há a necessidade do estabelecimento de métodos rápidos e baratos de levantamentos que possam auxiliar na geração de informação sobre a relevância que determinadas áreas apresentam no que diz respeito à conservação da biodiversidade – para isso, categoriza-as como prioritárias e direciona-as à captação de fomentos para pesquisas ecológicas de longa duração (Fonseca, 2001).

Sob o aspecto político, a CI justifica a aplicação de um RAP pela rapidez em que as decisões políticas são tomadas, fornecendo o aval de projetos político-econômicos que possam causar danos irreversíveis a biomas muito delicados e singulares da Terra.

Os programas de pesquisas ecológicas de longa duração ou de avaliação rápida dos recursos naturais não se anulam, mas se complementam. Atualmente, ambos fazem parte dos projetos que se propõem a inventariar, avaliar e monitorar a diversidade biológica no Brasil, tanto no âmbito da Política Nacional da Biodiversidade, instituída pelo Decreto n. 4.339, de 22 de agosto de 2002 (Brasil, 2002), quanto pelo Programa Nacional da Diversidade Biológica (Pronabio), instituído pelo Decreto n. 4.703, de 21 de maio de 2003 (Brasil, 2003).

Neste capítulo e no capítulo seguinte teremos contato mais direto com algumas metodologias utilizadas tantos em levantamentos de longa duração quanto em levantamentos rápidos da flora e da fauna, em especial voltados para o inventário da biodiversidade. Não obstante, os dados fornecidos pela aplicação desses métodos podem compor proposições de gestão de áreas protegidas, bem como o manejo da vida silvestre e dos seus recursos naturais.

Antes de começarmos a entender as técnicas de campo propriamente ditas, é necessário enfatizarmos a importância de um planejamento prévio das atividades. O planejamento da pesquisa em sua essência constitui a possibilidade de um intercâmbio de informações entre os grupos envolvidos que precede o trabalho de campo.

Nesse contexto, é importante a otimização dos recursos disponíveis. Ela deve ser planejada a partir da tomada de decisão da coleta dos dados dentro dos grupos específicos de investigação (plantas e animais). É importante que os pontos de amostragem na área a ser inventariada sejam distribuídos segundo uma análise classificatória prévia dos ecossistemas e/ou hábitats existentes.

Com essa precaução, espera-se que os projetos de inventário da diversidade biológica tragam dados que possam auxiliar na correlação entre ela e a diversidade de ecossistemas. Espera-se também que consigam alavancar projetos futuros para a conservação da biodiversidade.

## 5.1 Levantamentos de flora

A vegetação constitui o elemento fundamental para a caracterização de um dado ambiente por possuir espécies indicadoras de condições ambientais de solo (umidade, constituintes minerais, nutrientes etc.), de degradação, de conservação, de poluição etc. Assim, o método a ser escolhido deve depender do objetivo de uso dos dados a serem coletados.

Normalmente, as caracterizações gerais da flora, com finalidade de descrição de ambientes, por exemplo, envolvem levantamentos qualitativos que, além de uma lista de espécies, geram informações sobre quais espécies ocupam os diversos hábitats de uma dada área, quais são predominantes e de qual estágio da sucessão ecológica elas fazem parte. Cada tipo de vegetação serve como indicadora de uma determinada região ecológica/florística, bem como do seu grau de conservação.

Para tanto, devemos, previamente, realizar uma análise de todos os levantamentos já existentes no local ou na região e fazer uma arrolagem de mapas e imagens de satélite que auxiliem no georreferenciamento e na localização dos pontos de amostragem. O segundo passo recomendado é reunir a equipe a fim de percorrer os locais escolhidos para amostragem, conferindo e anotando nos mapas e nas imagens as informações cartográficas e ambientais detectadas in loco. É importante destacar os trechos que devem merecer maior atenção e, consequentemente, um maior número de campanhas de campo.

Os trabalhos de coleta de amostras de material devem, preferencialmente, abranger todas as estações do ano no sentido de detectar os reflexos que as variações ambientais sazonais deixam no componente florístico da área estudada.

As coletas são feitas por meio de amostras retiradas de ramos férteis das plantas, ou seja, aqueles que tenham, além das folhas, flores isoladas ou inflorescências ou frutos para facilitar a identificação taxonômica posterior. É de fundamental importância a anotação de particularidades da espécie percebidas pela equipe no momento da coleta.

Tais informações estão relacionadas aos seguintes aspectos:

- tipo de ambiente em que a planta se encontra;
- data;
- nome dos integrantes da equipe;
- porte;
- cor das flores;
- odor;
- presença/ausência de látex;
- observação dos visitantes florais;
- cor dos frutos, quando presentes;
- cor dos botões florais;
- presença/ausência de espinhos/acúleos;

K   marcas no caule (como lenticelas, por exemplo);
K   e todas aquelas que possam caracterizar o indivíduo coletado.

É desejável também a anotação da localização da planta coletada. Essa informação é obtida pelo uso de um GPS e por meio do registro fotográfico tanto do ambiente onde se está coletando quanto do próprio indivíduo e amostras coletadas.

Após coletadas, as amostras devem passar por um processo de desidratação para preservá-las, evitando emboloramento e deformação das características originais de disposição das folhas, flores, inflorescências e frutos. Esse processo é denominado herborização e consiste em estender os ramos em uma folha de jornal, fechando-a com o material em seu interior e acondicionando-a entre duas folhas de papelão canelado (Bononi; Fidalgo, 1984).

Todo material montado entre jornais e papelões deve ser empilhado entre suportes de madeira, chamados prensas, e prensados o mais apertado possível para posterior secagem em uma estufa, conforme mostra a Figura 5.1.

Figura 5.1 – Estufa para desidratação de material botânico

Crédito: Pedro Luis Batista Tomasulo

Nessa figura, vemos a estufa para desidratação de material botânico – caso em que a fonte de calor é fornecida por lâmpadas incandescentes afixadas na parte de baixo da estufa. É importante notar as prensas de madeira nos locais onde estão acondicionadas as amostras das plantas coletadas. O materiais que excedem o tamanho das prensas, como frutos, por exemplo, são desidratados fora delas, enrolados em jornal.

Após a desidratação e a devida identificação taxonômica, o material pode ser montado em uma folha de cartolina branca, na qual deve ser inserida uma etiqueta de identificação no canto inferior direito. Essa composição tem o nome de exsicata e serve como material testemunho da flora da área trabalhada. Recomenda-se seu armazenamento em armários devidamente identificados e organizados com as exsicatas dispostas por ordem de famílias, gêneros e espécies botânicas.

## 5.2 Levantamentos quantitativos da vegetação

A quantificação aplicada aos levantamentos da vegetação nos fornece dados relativos à densidade, frequência, dominância, importância, diversidade e equabilidade das populações que ocorrem nos ecossistemas, além, é claro, da lista de espécies.

No Brasil, os levantamentos quantitativos da vegetação são chamados usualmente de levantamentos fitossociológicos. Segundo Martins (1991), nas florestas brasileiras, esses estudos tiveram início quando houve a necessidade de pesquisas epidemiológicas da febre amarela silvestre, na década de 1940.

O autor também considera que os principais métodos utilizados para levantamentos quantitativos são o método das parcelas e o método dos quadrantes (Martins, 1991).

### 5.2.1 Método das parcelas

O método das parcelas consiste em estabelecer áreas fixas, com dimensões previamente determinadas, no local em que se deseja amostrar. Dependendo do objetivo do trabalho, podemos estabelecer uma única parcela de tamanho tal que alcance uma suficiência estatística para a análise dos dados ou, então, várias parcelas, contíguas ou não, espalhadas na área de estudo, de forma a detectar sua heterogeneidade ambiental.

Cada parcela constitui uma unidade de amostragem e o seu tamanho e formato podem variar conforme o tipo de vegetação a ser estudada (Figura 5.2). Quando o trabalho visa ao estudo da vegetação arbórea, as parcelas são maiores. No Brasil, os trabalhos fitossociológicos têm empregado parcelas quadradas, com tamanho de 10 × 10 metros. Para estudos com vegetação herbácea, o tamanho usual das parcelas gira em torno de 1 × 1 metro.

No entanto, o tamanho, a forma e a distribuição das unidades de amostragem variam conforme as características de cada ambiente, devendo ser discutidos e planejados previamente pela equipe responsável com o objetivo de se obter uma boa precisão da representatividade das comunidades vegetais da área estudada.

Figura 5.2 – Distribuição de parcelas quadradas de forma aleatória (A) e sequenciais ao longo uma trilha (B).

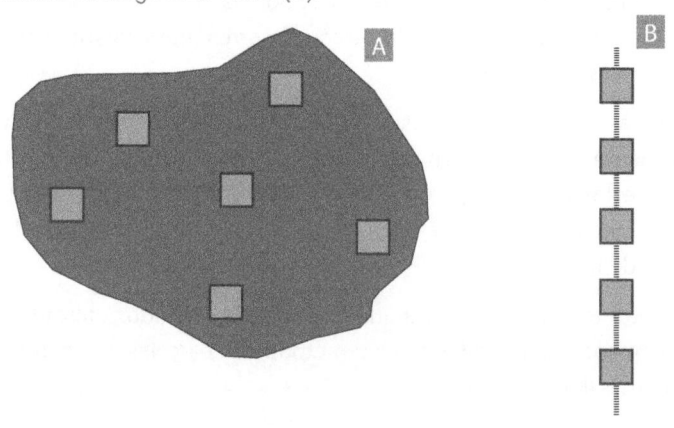

As ciências florestais estabelecem algumas convenções para melhor direcionar o trabalho de campo e a posterior análise dos dados. As medidas tomadas durante a amostragem devem englobar o diâmetro do caule da árvore, que é medido à altura de 1,30 m do solo e chamado de diâmetro à altura do peito (DAP). Além disso, devem também ser mensuradas a altura total da árvore, a determinação da espécie, as anotações das características do indivíduo amostrado e a sua marcação numérica.

Os métodos quantitativos permitem a criação de filtros de amostragem, os quais podem determinar inclusão ou exclusão das plantas a serem catalogadas. Assim, se quisermos trabalhar com árvores menores, que são geralmente componentes do sub-bosque da floresta, podemos estabelecer em nossa metodologia que serão amostradas as árvores cujo DAP seja igual ou menor do que determinado valor. Da mesma forma, se quisermos trabalhar com árvores dos estratos superiores da floresta, podemos estabelecer que serão incluídos na amostragem indivíduos com DAP igual ou superior a determinado valor.

A partir da decisão dos parâmetros que constituirão o filtro a ser aplicado, todos os indivíduos cujas características estiverem dentro do intervalo preestabelecido devem ser amostrados. A grande vantagem do método das parcelas é que as unidades amostrais são fixas, permitindo ao pesquisador o retorno ao local a qualquer momento e também o desenvolvimento de projetos futuros para o acompanhamento da evolução da comunidade vegetal ao longo do tempo.

### 5.2.2 Método dos quadrantes

Segundo Martins (1991), quem introduziu o método de quadrantes no Brasil foi o pesquisador Robert Goodland, que estudou formações de cerrado no Triângulo Mineiro.

O método dos quadrantes não utiliza parcelas fixas de amostragem, e sim pontos distribuídos de forma aleatória ou ordenada na área a ser inventariada. Assim como no método de parcelas, a distribuição dos pontos de amostragem no método dos quadrantes vai depender dos objetivos do trabalho.

Uma vez que o ponto esteja estabelecido, são traçadas duas linhas dividindo o trecho de amostragem em quatro quadrantes, como é possível identificar na Figura 5.3.

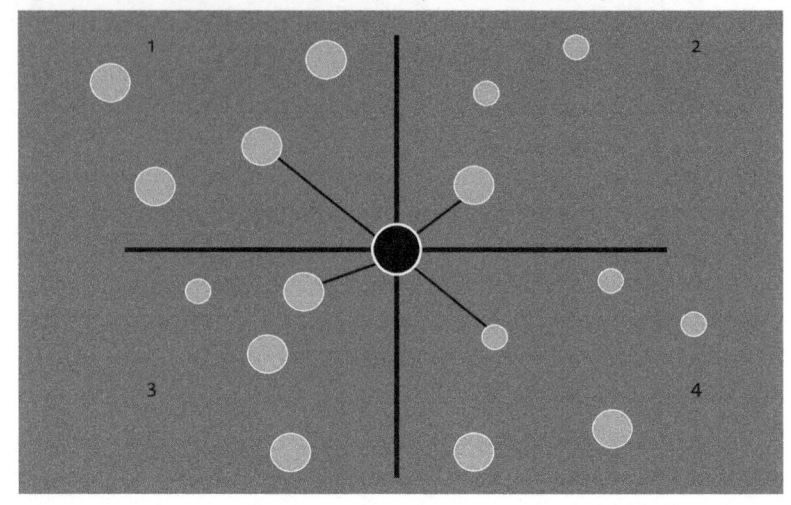

Figura 5.3 – Esquema da amostragem pelo método dos quadrantes

Nessa imagem, as árvores mais próximas do ponto de interseção das linhas são amostradas tomando-se as medidas da altura, o DAP, a distância do ponto e as características específicas do indivíduo que permitam sua identificação taxonômica. Devem ser distribuídos tantos pontos quanto forem necessários para se obter uma suficiência estatística de amostragem.

A distância entre os pontos deve ser estimada por meio de uma prévia medição das distâncias entre as árvores, tomando-se por base a maior delas. Dessa forma, podemos distribuir os pontos de maneira tal que possamos evitar a duplicação de amostragem de uma árvore.

O método dos quadrantes tem a vantagem de exigir que a equipe percorra uma área maior, pois a distância obedecida na plotagem dos numerosos pontos confere ao método uma maior amplitude de área de amostragem. Isso auxilia na avaliação do padrão de distribuição espacial das populações (Mueller-Dombois; Ellenberg, 1974). Por não exigir a demarcação de áreas fixas, muitos pesquisadores afirmam ser mais rápido no que diz respeito aos trabalhos de campo.

Como vemos na Figura 5.3, os números identificam os quatro quadrantes separados hipoteticamente pelo traçado das linhas pretas. Os círculos claros representam as árvores em um ambiente florestal, e o círculo preto, o centro do quadrante, de onde partem as setas que indicam as árvores mais próximas dele e que serão amostradas.

Os principais parâmetros, e suas fórmulas de cálculo, utilizados nos levantamentos quantitativos brasileiros da vegetação, baseados em Ludwig e Reynolds (1988), Martins (1991) e Durigan (2006), são apresentados a seguir.

## ÁREA BASAL

Corresponde à área da secção do tronco das árvores e é calculada a partir do somatório dos diâmetros do tronco à altura do peito (DAP) e, portanto, é medida a 1,30 m do solo e calculada da seguinte forma:

$$Abi = \sum DAPi^2 \cdot \pi/4$$

Em que:

K Abi é a área basal da espécie i;

K DAPi é o diâmetro à altura do peito (1,30 m do solo) de cada um dos indivíduos amostrados da espécie i.

## DENSIDADE ABSOLUTA

Corresponde ao número de indivíduos da espécie por unidade de área, considerando cada unidade com 1 hectare, sendo calculada da seguinte forma:

$$DAi = ni/A \cdot 10.000 \text{ m}^2$$

Em que:

K DAi é a densidade absoluta da espécie i;

K ni é o número de indivíduos da espécie i;

K A corresponde à área total amostrada medida em metros quadrados.

No método dos quadrantes, é incluída a distância média encontrada da árvore amostrada ao ponto quadrante. A fórmula para o cálculo da densidade é:

$$DAi = 10.000/d^2$$

Em que:

- K  DAi é a densidade absoluta da espécie i;
- K  d é a distância média encontrada da árvore ao ponto quadrante para todos os indivíduos amostrados.

## DENSIDADE RELATIVA

É a porcentagem do número de indivíduos da espécie i em relação ao número total de indivíduos amostrados.

$$DRi = 100\ ni/N$$

Em que:

- K  DRi é a densidade relativa da espécie i;
- K  ni é o número de indivíduos da espécie i;
- K  N é o número total de indivíduos amostrados.

## FREQUÊNCIA ABSOLUTA

É a porcentagem de unidades amostrais onde ocorre a espécie i.

$$FAi = 100 \cdot p/P$$

Em que:

- K  FAi é a frequência absoluta da espécie i;
- K  p é o número de unidades amostrais, sejam elas parcelas, sejam pontos quadrantes, em que ocorre a espécie i;
- K  P é o número total de unidades amostrais.

## FREQUÊNCIA RELATIVA

Corresponde à frequência absoluta da espécie i dividida pela soma da frequência absoluta de todas as espécies.

$$FRi = 100 \cdot FAi/\sum FAi$$

Em que:

- K  FRi é a frequência relativa da espécie i;
- K  FAi é a frequência absoluta da espécie i;
- K  A frequência relativa é expressa em porcentagem.

## DOMINÂNCIA ABSOLUTA

É a área basal da espécie por unidade de área, considerando cada unidade com 1 hectare.

$$DoAi = Abi/A \cdot 10.000 \; m^2$$

Em que:

- K  DoAi é a dominância absoluta da espécie i;
- K  Abi é a área basal da espécie i.

## DOMINÂNCIA RELATIVA

É a área basal da espécie i em relação à área basal de todas as espécies encontradas e amostradas.

$$DoRi = 100 \cdot Abi/\Sigma \, Abi$$

Em que:

- K  DoRi é a dominância relativa da espécie i;
- K  Abi é a área basal da espécie i.

## ÍNDICE DO VALOR DE IMPORTÂNCIA

É composto pela somatória dos valores de densidade relativa, frequência relativa e dominância relativa de uma dada espécie.

$$IVI\,i = DRi + DoRi + FRi$$

Em que:

- K  IVI i é o índice do valor de importânciada da espécie i;
- K  DRi é a densidade relativa da espécie i;
- K  DoRi é a dominância relativa da espécie i;
- K  FRi é a frequência relativa da espécie i.

## ÍNDICE DO VALOR DE COBERTURA

É um índice que engloba a somatória dos valores relativos de densidade e dominância.

$$IVC = DRi + DoRi$$

Em que:

- DRi é a densidade relativa da espécie i;
- DoRi é a dominância relativa da espécie i.

## ÍNDICE DE DIVERSIDADE

A diversidade de espécies é composta tanto pelo número de espécies presentes numa dada área ou região quanto pela abundância relativa dos indivíduos em cada espécie. Portanto, seus índices foram propostos no sentido de contemplar tanto a riqueza de espécies quanto a uniformidade existente na distribuição dos indivíduos entre as espécies. Há várias formas matemáticas para se calcular a diversidade, sendo que cada uma delas compõe um índice distinto, desenvolvido por autores diferentes. O mais utilizado no país em levantamentos de vegetação é conhecido como Índice de Shannon e Weaver (H'), cuja fórmula para cálculo é a seguinte:

$$H' = - \sum p_i \cdot \ln p_i$$

$$p_i = n_i/N$$

Em que:

- $n_i$ é o número de indivíduos da espécie i;
- N é o número total de indivíduos amostrados;
- $\ln p_i$ é o logarítimo natural de pi.

## ÍNDICE DE EQUABILIDADE

O Índice de Equabilidade dos indivíduos entre as espécies é aquele que estima o quão equitativa está a distribuição encontrada numa dada área ou região. É considerado o segundo componente do índice geral para estimativa da diversidade, complementando-o. Para entendermos melhor esse conceito, podemos imaginar uma comunidade biológica com 100 indivíduos distribuídos entre 10 espécies da seguinte forma: 91-1-1-1-1-1-1-1-1-1. Essa situação nos mostra um mínimo de uniformidade (equabilidade ou equitabilidade) e um máximo de dominância pela espécie, que possui 91 indivíduos. De outra maneira, podemos imaginar a mesma comunidade com a seguinte distribuição de indivíduos por espécies: 10-10-10-10-10-10-10-10-10-10. Nesse caso, a equabilidade ou equitabilidade seria máxima e a dominância, mínima (Odum, 2013).

O cálculo é feito da seguinte forma:

$$e = H'/H' \text{ máximo ou } e = H'/\log s$$

Em que:

- $H'$ é o índice de diversidade de Shannon e Weaver;
- $s$ corresponde ao número total de espécies amostradas.

## ÍNDICE DE SIMILARIDADE

Os índices de similaridade são utilizados para expressar a semelhança entre unidades amostrais distintas numa mesma área ou entre ambientes naturais distintos. Muitas regiões geográficas são marcadas por uniformidade ambiental ou por diferenças marcantes nas condições topográficas, edáficas, altitudinais ou de outra natureza, que podem variar conforme se explora o local a ser inventariado. Tais variáveis ambientais afetam a distribuição das espécies e, por conseguinte, a similaridade entre as áreas analisadas.

Se levarmos em consideração o número de espécies em cada amostra, podemos utilizar o índice de similaridade de Sorensen (Odum, 1988) da seguinte forma:

$$\text{Índice de similaridade } (S) = 2C/A + B$$

Em que:

- $A$ é o número de espécies encontrado na amostra A;
- $B$ é o número de espécies encontrado na amostra B;
- $C$ é o número de espécies comum a ambas as amostras (A e B).

Se levarmos em consideração apenas a presença ou a ausência de determinada espécie nas unidades amostrais onde ocorreu o levantamento, podemos utilizar o índice de Jaccard, conforme recomendado por Ludwig e Reynolds (1988). Esse índice trabalha comparativamente com pares de espécies e é aplicado da seguinte maneira:

$$J = a/a+b+c$$

Em que:

- $J$ é o índice de Jaccard;
- $a$ corresponde ao número de unidades amostrais nas quais ambas espécies ocorrem;
- $b$ corresponde ao número de unidades amostrais nas quais a espécie X ocorre, porém não Y;
- $c$ corresponde ao número de unidades amostrais nas quais a espécie Y ocorre, porém não X.

Vejamos o exemplo que se segue, analisando a distribuição de ocorrência de espécies disponível na Tabela 5.1

Tabela 5.1 – Distribuição de ocorrência de espécies

| Espécies | Unidades Amostrais | | |
|---|---|---|---|
| | A | B | C |
| X | (1) | (1) | (0) |
| Y | (1) | (1) | (1) |

Se considerarmos que (1) significa a presença da espécie na unidade amostral, que (0) significa sua ausência e aplicarmos o índice de Jaccard com base nessa distribuição, teremos:

- $J = 2/2 + 0 + 1 = 0,67$

Muitas dessas diferenças de distribuição se devem ao fato de que ambas as espécies selecionam ou evitam o mesmo hábitat. Pode significar também que elas tenham a mesma necessidade dos fatores (bióticos e/ou abióticos) que compõem esse hábitat. Pode ser, ainda, que uma delas (ou ambas) tenha afinidade/repulsa com a outra. Essas relações indicam o grau de interatividade das populações no ambiente natural.

Quando coletamos dados em campo, devemos ter em mente que há uma infinitude de variáveis existentes na natureza e que congregá-las em uma única análise quantitativa é praticamente impossível.

Porém, podemos explorar variados padrões existentes nas comunidades bióticas que habitam os tão diversificados ecossistemas brasileiros utilizando métodos quantitativos. Esses padrões diferem naturalmente, podendo incluir a dispersão espacial de uma determinada espécie dentro da sua comunidade biótica, as relações existentes entre as muitas espécies da comunidade e entre comunidades bióticas distintas.

Para isso, necessitamos que a coleta de dados em campo seja criteriosa e, ao mesmo tempo, capaz de expressar tanto a abordagem experimental quanto a observacional contidas num projeto. É igualmente importante que se entendam as limitações que isso trará numa posterior análise e tratamento dos resultados.

Na sequência, trazemos os quadros 5.1 e 5.2, que apresentam sugestões de fichas de campo que podem ser utilizadas para o método das parcelas e para o método dos quadrantes no estudo da vegetação.

Quadro 5.1 – Sugestão de ficha de campo para o método de parcelas utilizado em levantamentos quantitativos da vegetação

| Equipe: | | Número da parcela: | | |
|---|---|---|---|---|
| Local da coleta: | | Observações: | | |
| Data: | | | | |
| Número | Família/Espécie | Nome popular | Altura (m) | DAP (cm) |
| | | | | |
| | | | | |
| | | | | |

Quadro 5.2 – Sugestão de ficha de campo para o método de quadrantes utilizado em levantamentos quantitativos da vegetação

| Equipe: | | | Denominação da Trilha: | | | |
|---|---|---|---|---|---|---|
| Local da coleta: | | | Observações: | | | |
| Data: | | | | | | |
| Número do indivíduo | Número do quadrante | Distância (m) | Família/ Espécie | Nome popular | Altura(m) | DAP (cm) |
| | | | | | | |
| | | | | | | |
| | | | | | | |

Como vimos, para o sucesso da amostragem, necessitamos que um projeto destinado ao estudo da vida silvestre seja bem elaborado, com objetivos claros e definidos. A subsequente coleta dos dados também deve ser apurada para que os resultados reflitam os fenômenos naturais da melhor forma possível, aproximando nosso entendimento da natureza de maneira clara e próxima à realidade.

### Síntese

Neste capítulo, diferenciamos os projetos de pesquisa de longa duração e os métodos de avaliação ecológica rápida da diversidade biológica.

Conhecemos também os principais métodos para a amostragem da vegetação, os quais envolvem levantamento de dados qualitativos e quantitativos. Vimos as principais diferenças metodológicas e de análise de dados entre ambos e alguns procedimentos técnicos para a coleta de dados em campo.

# Manejo da flora: estudos para a gestão da biodiversidade

## Questões para revisão

1. Assinale as afirmativas a seguir como verdadeiras (V) ou falsas (F). Depois, marque a alternativa que corresponde à sequência correta:

   ( ) Para estimar o índice do valor de importância de uma espécie é necessário conhecer sua dominância relativa.

   ( ) O programa de pesquisas ecológicas de longa duração do CNPq visa apoiar projetos em longo prazo em sítios de pesquisa permanentes nos diversos biomas e ecossistemas do país, instituindo uma rede para a conservação da biodiversidade, porém não contempla as pesquisas voltadas ao uso sustentável dos recursos naturais.

   ( ) Com a aplicação dos métodos para levantamentos quantitativos da vegetação é possível se estimar parâmetros como densidade, frequência, dominância, mas esses métodos não possibilitam a elaboração de uma lista de espécies do local estudado.

   ( ) O método dos quadrantes é adequado para se aplicar numa Avaliação Ecológica Rápida (AER).

   ( ) O Projeto Dinâmica Biológica de Fragmentos Florestais (PDBFF) tem como principal objetivo conduzir estudos comparativos entre os diversos grupos de organismos, quando seus hábitats são submetidos à fragmentação e os ecossistemas remanescentes ficam inseridos em fragmentos de diversos tamanhos e graus de isolamento.

   a. V, F, F, F, V.
   b. V, F, F, V, V.
   c. V, F, V, F, F.
   d. V, V, F, V, V.

2. Assinale as afirmativas a seguir como verdadeiras (V) ou falsas (F). Depois, marque a alternativa que corresponde à sequência correta:

   ( ) Os projetos de pesquisa de curta duração se constituem em alternativas bastante ineficazes no que diz respeito à efetiva conservação da biodiversidade

   ( ) A técnica de avaliação ecológica rápida não é recomendada para projetos que visem ao planejamento de conservação da biodiversidade por amostrar a biota dos ecossistemas apenas superficialmente.

( ) Apesar de seu nome, a técnica de avaliação ecológica rápida pode levar cerca de um ano, do planejamento inicial à publicação final.

( ) A técnica de avaliação ecológica rápida não consegue obter resultados para avaliações em nível de espécie e de paisagem.

( ) Há uma incompatibilidade em relação ao uso de programas de pesquisas ecológicas de longa duração e de avaliação rápida dos recursos naturais, em que projetos que utilizam um não se adequam ao uso de outro.

a. V, V, F, V, V.
b. F, F, F, V, V.
c. F, F, V, F, F.
d. V, F, F, F, F.

3. Assinale as afirmativas a seguir como verdadeiras (V) ou falsas (F). Depois, marque a alternativa que corresponde à sequência correta:

( ) O planejamento prévio das pesquisas de campo auxiliam na otimização de recursos e de demanda de tempo para sua execução e conclusão.

( ) Se o pesquisador estiver interessado em apenas descrever o ambiente de acordo com seu componente florístico, um levantamento com a abordagem qualitativa será suficiente.

( ) No levantamento da vegetação, os trabalhos de coleta de amostras de material devem, preferencialmente, abranger as estações da primavera e verão, no sentido de detectar os reflexos que as variações ambientais sazonais deixam no componente florístico da área estudada.

( ) As coletas para o levantamento da vegetação devem priorizar as partes da planta que apresentem flor e/ou frutos para auxiliar o pesquisador na sua identificação taxonômica.

( ) Uma exsicata é a parte do equipamento capaz de permitir ao pesquisador a coleta do material botânico, sendo constituída por um conjunto de ferramentas, como tesoura de poda, facão, canivete, entre outras.

a. V, V, F, V, F.
   b. V, V, F, V, V.
   c. F, F, V, V, V.
   d. V, V, F, F, V.
4. Que retorno de dados traz um levantamento qualitativo da vegetação?
5. Que retorno de dados traz um levantamento quantitativo da vegetação?

### Questão para reflexão

Por que a aplicação dos levantamentos quantitativos da vegetação pode ser otimizada se a área sob análise já tem um levantamento das espécies consolidado?

### Para saber mais

Fernando Roberto Martins, na obra Estrutura de uma floresta mesófila, fala sobre os estudos fitossociológicos no Brasil e faz uma revisão do método dos quadrantes. Para saber mais, leia a obra na íntegra:

MARTINS, F. R. Estrutura de uma floresta mesófila. Campinas: Ed. da Unicamp, 1991.

Capítulo **6**

# Manejo da fauna: estudos para a gestão da biodiversidade

## Conteúdos do capítulo

- Métodos diretos para levantamento da fauna.
- Métodos indiretos para levantamento da fauna.
- Uso dos sistemas de informação geográfica nos levantamentos de fauna.

## Após o estudo deste capítulo, você será capaz de:

1. reconhecer as metodologias utilizadas em levantamentos de longa duração e em levantamentos rápidos da fauna, voltados para o inventário da biodiversidade;
2. analisar os métodos diretos para levantamento da fauna;
3. analisar os métodos indiretos para levantamento da fauna;
4. investigar o uso dos sistemas de informação geográfica nos levantamentos de fauna.

As florestas tropicais são as principais áreas consideradas como prioritárias para a conservação da diversidade biológica no mundo. Atrelada à grande variedade de espécies vegetais e heterogeneidade ambiental, há uma imensa oferta de hábitats para a fauna, formando associações ecológicas de interdependência tão grandes que são capazes de garantir a perpetuação de toda a floresta. Os trópicos são também os locais com ambientes que apresentam maior grau de endemismos e de expressão natural dos processos coevolutivos.

A atividade da fauna assegura a complementação dos processos de polinização, dispersão de sementes e frutificação de quase todas as espécies vegetais das florestas tropicais. Assim, atualmente, o estudo da fauna está associado ao estudo da vegetação e é feito por equipe especializada nos distintos grupos – sendo que os de maior expressão em levantamentos são: aves (avifauna), répteis e anfíbios (herpetofauna), mamíferos (mastofauna), peixes (ictiofauna) e insetos (entomofauna). Todos apresentam espécies indicadoras da qualidade do hábitat (Bonvicino; Lindbergh; Maroja, 2002).

Nesse contexto, alguns grupos são mais sensíveis ao tamanho da área e às modificações no hábitat, como os mamíferos de maior porte (Chiarello, 1999).

De todo modo, o levantamento da fauna engloba alguns aspectos muito particulares, como aqueles comportamentais, inerentes às espécies que se deseja estudar. Isso faz com que existam demandas diferentes de metodologias e objetivos de estudo. A maior parte da fauna de vida livre tem hábitos noturnos e, na maioria das vezes, a realização dos levantamentos é muito complexa, exigindo uma estrutura bastante cara e de organização minuciosa.

Os primeiros passos seguem a mesma conduta aplicada aos levantamentos da vegetação, ou seja, uma busca detalhada dos dados já existentes sobre a fauna do local, chamados dados secundários – o que inclui textos, mapas e outras publicações pertinentes. É desejável também a realização de entrevistas prévias com a população local para se ter uma ideia do que tem sido avistado ou, até mesmo, caçado nos arredores da área a ser inventariada.

O estabelecimento dos pontos amostrais é de fundamental importância e deve ser feito após a obtenção dos mapas e das imagens do local. É preciso também uma caminhada de reconhecimento. Assim como para a flora, a equipe de levantamento de fauna deve preparar campanhas de campo que incluam esforços amostrais tanto na estação seca e chuvosa como na quente e fria, a fim de detectar as características sazonais dos grupos. Diferentemente da vegetação, os grupos de fauna apresentam populações migratórias, dependendo, é claro, da região geográfica a ser analisada.

Além disso, a equipe deve ter experiência suficiente para interpretar as diferentes fitofisionomias que compõem o local e contemplá-las com unidades amostrais distintas. Isso quer dizer que é importante a amostragem ser realizada em todos os tipos de formações, como em áreas abertas, no interior da floresta, à beira de cursos d'água, em ambientes de borda de mata e/ou estradas, em alagados, em topos de morro, em fundos de vales etc.

É importante considerar que o trabalho de campo deve englobar métodos diretos e indiretos de amostragem. Os métodos diretos envolvem o uso de armadilhas e redes de captura de animais vivos, além do caminhamento, ou seja, o estabelecimento de transectos lineares para se percorrer a área na tentativa de avistar os animais em seu hábitat.

Já os métodos indiretos envolvem a investigação de rastros e vestígios deixados pela atividade dos animais ou de armadilhas que não capturem os indivíduos, como armadilhas de pegadas e armadilhas fotográficas.

Para Mangini e Nicola (2003), os estudos realizados com animais de vida livre devem ser minuciosamente planejados e, em sua concepção, deve-se considerar:

- a quantidade de indivíduos que serão manipulados em caso do levantamento envolver capturas;
- o método de captura a ser utilizado;
- os equipamentos disponíveis;
- a necessidade ou não do uso de tranquilizantes químicos (anestésicos);
- o tempo de contenção dos animais;
- a necessidade ou não de translocar o animal do local de captura;
- a capacidade técnica da equipe;
- as condições do ambiente onde se desenvolverá o estudo;
- uma previsão de eventualidades inerentes a este tipo de trabalho..

Fonte: Mangini; Nicola, 2003.

Mangini e Nicola (2003) afirmam que a equipe de trabalho deve ser experiente e a sua aptidão em capturar e manipular os animais silvestres de maneira eficiente e segura está diretamente relacionada ao sucesso ou ao fracasso do projeto. Para os autores, a escolha do método a ser empregado depende dos objetivos do projeto e das características das espécies a serem amostradas (Mangini; Nicola, 2003).

## 6.1 Métodos de levantamento por rastros e vestígios

Os métodos de levantamento por rastros e vestígios consistem em detectar quaisquer evidências de que determinadas espécies habitem, percorram, se reproduzam ou apenas utilizem uma dada área como ponto seguro de parada, tudo isso antes de completar sua rota de migração.

De modo geral, são métodos indiretos de constatação da presença da fauna, ou seja, por meio deles há uma evidência da ocorrência da espécie sem ela ter sido avistada ou mesmo capturada.

Os principais rastros e vestígios que podemos encontrar são fezes, pegadas, ossadas, tocas, arranhões, pelos, penas, escamas e regurgitos. A Figura 6.1 mostra um tipo de vestígio da fauna silvestre em área de Mata Atlântica no Estado de São Paulo.

Figura 6.1 – Arranhão em casca de árvore provocado possivelmente por um felino de grande porte

Crédito: Pedro Luis Batista Tomasulo

Entre as possibilidades, as pegadas são, certamente, as maiores evidências de ocorrência de uma espécie. O protocolo de ações engloba a medição do tamanho da pegada, a profundidade de sua marca no solo, a direção em que ela está disposta e o registro escrito e fotográfico. Uma análise criteriosa das pegadas em campo indica também se o animal está sozinho ou acompanhado por um grupo ou filhotes e se está sendo seguido por um determinado predador.

Como atualmente podemos ter acesso a uma série de manuais de identificação de rastros de animais silvestres, a confecção de moldes de pegadas para posterior identificação é desejável (Becker; Dalponte, 1991). Os moldes podem facilmente ser feitos da seguinte maneira: misturamos uma pequena quantidade de pó de gesso numa mesma proporção de água. Depois de misturados, eles formam uma massa que deve ser despejada sobre a pegada. Basta deixá-la secar.

Após retirado do local, o molde deve ser cuidadosamente limpo com pincéis e escovas finas para a retirada do excesso de solo e guardado em armários após a identificação.

Figura 6.2 – Molde de pegada feito em gesso

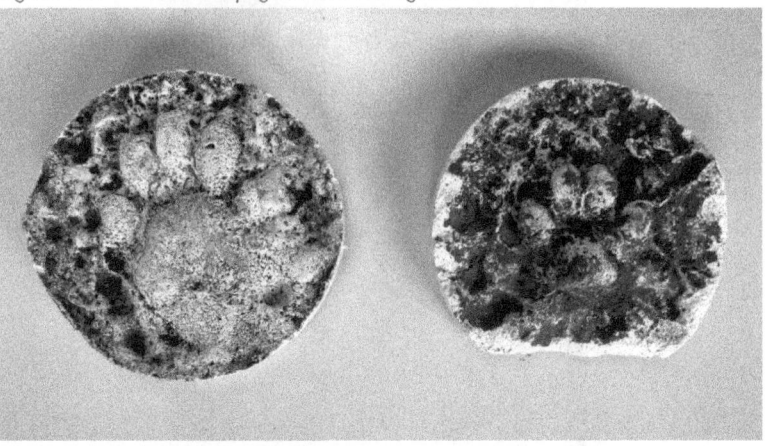

Nota: Moldes de pegadas de Leopardus pardalis (jaguatirica) e Cerdocyon thous (raposa). Registradas durante trabalho de inventário e monitoramento no Maranhão.

Fonte: Manejo Fauna, 2015.

Crédito: Manejo Fauna Equipamentos e Treinamentos/ Biólogo Maxmiliano Siqueira

Pegadas também podem ser coletadas por meio de armadilhas, que têm o objetivo de atrair animais com iscas alimentares a um determinado local que seja propício à impressão das pegadas. Essa técnica pode ser bastante válida, uma vez que ambientes florestais apresentam o solo coberto pela deposição de materiais como folhas, galhos, flores e frutos, conjunto conhecido como serapilheira.

As armadilhas para pegadas são também conhecidas como estações de pegadas. Elas consistem na deposição de parcelas com cerca de 50 cm × 50 cm preenchidas de uma camada de areia com 3 cm de altura a cada 10 metros, ao longo de uma trilha/transecto, segundo método descrito por Pardini et al. (2003). No centro, é deixada uma isca – geralmente um pedaço de alimento de aroma pronunciado, como banana e bacon. A Figura 6.3 mostra uma estação de pegadas num levantamento de campo. Nela é possível notar a deposição de uma camada de areia sobre o solo florestal e as iscas de banana e bacon ao centro.

Figura 6.3 – Armadilha para pegadas, também conhecida como *estação de pegada*

Crédito: Pedro Luis Batista Tomasulo

Após a coleta dos dados, a areia deve ser novamente espalhada manualmente na estação para apagar as pegadas já registradas, colocando-se uma nova isca e preparando-a para nova amostragem. O aspecto negativo desse método é que, devido à consistência, muitas vezes a areia não permite a confecção de moldes de gesso das pegadas, as quais devem ser medidas e registradas fotograficamente.

## 6.2 Armadilhas fotográficas

Outro tipo de armadilha que não utiliza a contenção do animal em campo é a armadilha fotográfica. Ela registra em uma câmera a imagem do animal que cruzar a frente de um sensor colocado em locais estratégicos na área de estudo. Esses locais são determinados após caminhadas de reconhecimento dos stands amostrais e requerem a experiência do grupo de pesquisadores para o sucesso da amostragem.

O equipamento para o sistema de armadilhas fotográficas é constituído de uma câmera digital com foco e disparo de flash automático, conectada a um sensor de movimento ou calor corporal. É protegida por um envoltório tipo "caixa", que evita umidade e impactos diversos (Tomas; Miranda, 2003). Esse conjunto é instalado em campo nos locais escolhidos pela equipe de pesquisa.

Figura 6.4 – Armadilha fotográfica instalada em meio à mata, com câmera e sensor de presença

Crédito: Pedro Luis Batista Tomasulo

O número de câmeras e a distribuição delas na área dependerão do objetivo do levantamento, bem como da análise dos mosaicos de hábitats que são utilizados pela fauna.

Geralmente, os métodos indiretos auxiliam muito nos levantamentos faunísticos. Isso ocorre porque eles trabalham com populações cujo hábito é noturno, ou têm baixa densidade de indivíduos, ou são naturalmente raras, ou apresentam distribuição restrita, ou, ainda, são constituídas por indivíduos muito ariscos, que dificilmente se rendem aos atrativos das armadilhas. Essas situações dificultam o encontro com os indivíduos em campo, resultando em amostras não confiáveis estatisticamente e subestimando a abundância de determinadas espécies na área.

## 6.3 Métodos de captura da fauna

Conforme vimos, os métodos que envolvem a captura do animal vivo chamam-se métodos diretos, ou seja, há o encontro dos pesquisadores com a fauna, mesmo que esse encontro seja proporcionado pela contenção dos animais em uma armadilha.

Como os métodos de captura proporcionam o contato humano com animais de vida livre, alguns princípios éticos devem ser obedecidos para garantir a sobrevivência e a integridade física dos animais envolvidos durante sua manipulação. Também deve haver a preservação do bem-estar do animal após a amostragem (Mangini; Nicola, 2003). Assim, todo manejo do animal em campo deve ser planejado para que a sua manipulação ocorra com o máximo cuidado e no menor tempo possível, evitando-se o prolongamento da situação de estresse dos indivíduos capturados.

O armadilhamento é a captura de um determinado animal de vida livre que, após ser atraído por uma isca, fica confinado em um dado local ou aparato. Detectada a captura, há a necessidade da contenção física do animal, que deve ter seus movimentos restringidos. Tal contenção tem a finalidade de anular os movimentos defensivos do animal para evitar lesões em seu corpo e acidentes nos membros da equipe durante a obtenção dos dados biométricos (Mangini; Nicola, 2003).

Vamos discorrer sobre os dois métodos que são mais utilizados para levantamentos de fauna nos ecossistemas brasileiros: o que utiliza armadilhas de captura do animal vivo em gaiolas e as armadilhas de queda, conhecidas como pitfalltraps.

## 6.4 Armadilhas de gaiola

As armadilhas de gaiola são muito utilizadas para os censos em fauna de mamíferos de pequeno porte. Elas podem ser dispostas ao longo de transectos predeterminados na área de estudo, sendo colocadas tanto no solo quanto sobre árvores e arbustos do sub-bosque, com o intuito de amostrar animais terrestres e arborícolas. As armadilhas devem ficar iscadas e permanecerem abertas no período noturno, sendo vistoriadas logo cedo, no período da manhã.

Figura 6.5 – Armadilha de gaiola instalada no solo à beira de um curso d'água no interior da mata

Crédito: Pedro Luis Batista Tomasulo

Figura 6.6 – Vista interna da gaiola

Crédito: Pedro Luis Batista Tomasulo

Figura 6.7 – Armadilha de gaiola instalada em árvore do estrato médio da floresta

Crédito: Pedro Luis Batista Tomasulo

Figura 6.8 – Ouriço capturado em armadilha de gaiola disposta no solo da mata

Crédito: Pedro Luis Batista Tomasulo

As figuras 6.5, 6.6, 6.7 e 6.8 mostram algumas armadilhas de gaiola utilizadas em levantamentos de fauna em um trecho de Mata Atlântica no Estado de São Paulo. Em algumas delas, é possível notar a porta aberta e a isca ao fundo da gaiola.

## 6.5 Armadilhas de queda – *pitfalltraps*

As armadilhas de queda são utilizadas para captura de pequenos mamíferos, principalmente roedores e marsupiais, além de répteis e anfíbios. Inicialmente, a equipe deve escolher os locais de implantação das estações de amostragem. Em seguida, são abertos circuitos lineares em meio à mata, onde são enterrados recipientes, geralmente baldes plásticos de 30 litros, até o nível do solo. Eles devem ser interligados por uma barreira perpendicular, a qual pode ser feita esticando-se uma lona plástica com cerca de 1 m de altura (Corn, 1994). Tal barreira tem como finalidade interceptar o caminho do animal em meio à mata, conduzindo-o à armadilha de queda.

No período diurno, quando não está ocorrendo a amostragem, os baldes devem permanecer devidamente tampados para se evitar a queda acidental de animais.

Para termos uma ideia de esforço amostral de campo, o trabalho realizado por Borges e Martins (2010) utilizou 50 baldes distribuídos em cinco linhas, uma em formato de "Y" e quatro lineares, enterrados com 10 metros de distância entre si. Os baldes eram abertos no final da tarde e vistoriados no período da manhã.

As figuras 6.9, 6.10 e 6.11 mostram o procedimento de amostragem por pitfalltraps.

Figura 6.9 – Lona plástica formando uma barreira linear em meio à mata

Crédito: Pedro Luis Batista Tomasulo

Na Figura 6.9, observamos que a lona deve ser esticada e amarrada a estacas de bambu para durar o tempo suficiente à complementação do levantamento.

Figura 6.10 – Vista parcial de uma barreira de lona e um balde enterrado servindo como armadilha de queda

Crédito: Pedro Luis Batista Tomasulo

Figura 6.11– Detalhe do interior do balde utilizado como armadilha de queda

Crédito: Pedro Luis Batista Tomasulo

Na Figura 6.11, é importante notarmos que um pedaço de isopor é propositalmente adicionado no interior do balde enterrado, constituindo um refúgio para pequenos animais no caso de enchimento de água em épocas chuvosas

Tanto para a técnica de armadilhas de captura quanto para a de armadilhas de queda, os autores recomendam o registro dos seguintes dados: data da captura, número do transecto e estação de coleta, estrato, método de captura, espécie, biometria, sexagem e comportamento pós-soltura (Borges; Martins, 2010). É importante salientar que todo o aparato utilizado no levantamento deve ser retirado do local após o término do projeto.

## 6.6 Levantamentos de avifauna e quirópteros

Igualmente aos métodos utilizados para a mastofauna, o levantamento de aves e morcegos envolve técnicas diretas e indiretas de amostragem.

As técnicas indiretas envolvem a observação de vestígios. Em geral, são considerados penas, regurgitos e a audição de vocalizações emitidas.

Muitos pesquisadores utilizam playbacks ou apitos que imitam vocalizações de aves para atrair os indivíduos e poder avistá-los, confirmando sua presença na área. As capturas são feitas com redes dispostas em meio à mata, áreas abertas ou, ainda, em ambientes de borda.

As redes podem ser montadas ao nível do solo ou em alturas diversas, conforme o estrato que se pretende amostrar, no caso de ecossistemas florestais. Tais redes são conhecidas como redes de neblina e possuem, geralmente, um tamanho compreendido entre 6 metros de comprimento por 2,6 metros de largura, sendo utilizadas tanto para a captura de aves quanto de morcegos.

Elas são feitas de material muito fino e formam bolsões para evitar que fiquem totalmente esticadas e se rompam no momento do impacto do animal. As redes são distribuídas em pontos amostrais predeterminados pela equipe, os quais devem considerar as fitofisionomias existentes na área estudada – próximas a córregos, abrigos em rochas ou cavernas e fontes de alimentação (Borges; Martins, 2010).

Figura 6.12 – Rede de neblina utilizada para levantamento de campo da avifauna

Crédito: Pedro Luis Batista Tomasulo

Figura 6.13 – Esquema ilustrativo de rede de neblina estendida

Fonte: Adaptado de Soares, 2014.

Após se enroscar nas redes, os animais são cuidadosamente retirados, medidos, fotografados e soltos no mesmo local. Para morcegos, é ideal que a rede seja aberta por volta das 18 horas e se mantenha assim por um período de cerca de 4 horas. Para aves, as redes devem ser abertas logo ao amanhecer e ao entardecer, no período crepuscular.

A equipe deve se manter afastada do local e vistoriar as redes a cada 30 minutos para detectar as capturas e realizar a biometria. O período de amostragem dependerá dos objetivos do trabalho.

## 6.7 Transectos de avistamento

Com o objetivo de avistar a fauna da área de estudo, podem ser traçados transectos mediante a locação de faixas amostrais. São divididas linhas longitudinais e transversais em meio às principais fitofisionomias existentes (e previamente identificadas) ou nos diferentes ambientes encontrados em corpos hídricos, como lagos e rios. Segundo Cullen Junior e Rudran (2003), a metodologia que emprega transectos lineares é uma das mais utilizadas quando se pretende estimar a densidade de populações silvestres.

Os transectos que se localizam em áreas terrestres podem ser percorridos utilizando-se diversos modos de locomoção, conforme a conveniência:

- A pé, geralmente adotado em trilhas fechadas, quando o transecto se constitui numa estreita picada aberta em meio à vegetação adensada.
- De bicicleta, motocicleta ou a cavalo, quando o terreno a ser percorrido favorece esse tipo de transporte, como nos campos cerrados.
- Veículos terrestres, quando, além do favorecimento do terreno para esse tipo de locomoção, a área não apresente qualquer restrição no uso desses transportes, como hábitats delicados onde vivem espécies ameaçadas, endêmicas etc.
- Aviões, balões e outros meio de locomoção aérea, quando o terreno é aberto e a população a ser amostrada tem porte avantajado, podendo ser avistada a maiores distâncias.
- Barcos, botes, caiaques e outros meios de locomoção utilizados em ambientes aquáticos.

Após estabelecidos, os transectos devem ser percorridos no período diurno e noturno a fim de detectar as espécies durante suas atividades na natureza. Os principais dados a serem coletados são a data e o horário do avistamento, a localização geográfica do transecto, onde o avistamento ocorreu, o número de indivíduos avistados e os aspectos comportamentais.

Além disso, para dados mais apurados relacionados à densidade das populações, o pesquisador de campo deve anotar a distância perpendicular existente entre o indivíduo observado e a trilha na qual se encontra o transecto. Evidentemente, quanto mais distante do transecto, menor a probabilidade de avistamentos.

De acordo com Cullen Junior e Rudran (2003), o método dos transectos lineares pressupõe a eficiência plena de amostragem dos indivíduos que se encontram no traçado dos transectos. Obviamente, devemos imaginar que a locomoção de um animal em meio ao seu ambiente natural faça parte do conjunto de comportamentos inerentes à espécie. Dessa forma, os autores citam a importância de se encontrar um modelo, definido como Função de Detecção, que seja adequado ao comportamento das distâncias observadas em campo.

Os autores também indicam que a Função de Detecção pode ser utilizada para se estimar a proporção de indivíduos que não foram detectados, dado que poderá compor uma estimativa da densidade populacional daquela espécie. A Figura 6.14 mostra o método apropriado para se obter dados sobre distâncias perpendiculares (DP significa Distância de Detecção).

Figura 6.14 – Amostragem em um transecto linear considerando a probabilidade da detecção de um animal, conforme a Função de Detecção

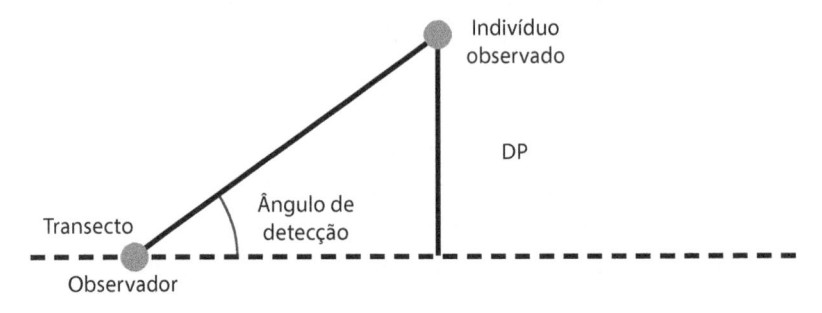

Fonte: Adaptado de Cullen Junior; Rudran, 2003.

A recomendação de Cullen Junior e Rudran (2003) é de que se estabeleçam, no mínimo, quatro transectos com quatro quilômetros de extensão cada um, os quais devem ser distribuídos aleatoriamente na área de estudo. A distância mínima é de 500 metros entre eles, sem que se cruzem, em uma área maior do que 1.000 hectares. Para um esforço ideal de amostragem, cada transecto deve ser percorrido por, no mínimo, 10 dias.

Em áreas menores, o estudo prévio do local e a experiência dos pesquisadores devem prevalecer antes da decisão de plotagem dos transectos em campo. O uso dos transectos lineares é geralmente feito para tentativas de observações diretas da fauna – motivo pelo qual, mais uma vez a experiência da equipe de campo é de fundamental importância para o sucesso do levantamento.

São desejáveis profissionais que conheçam a biologia do grupo estudado e que apliquem a técnica corretamente, reconhecendo as variações da vocalização dos indivíduos na mata (muitas vezes, esse é o principal sinal da presença do animal nos arredores do transecto), caminhando nos horários adequados (entre 6 h e 10 h pela manhã e entre 14 h e 18 h pela tarde) e realizando paradas curtas a cada 50 metros para observações mais apuradas.

Embora o objetivo seja o avistamento da fauna, seus rastros e vestígios devem ser considerados pela equipe, pois são indicativos de que indivíduos da população utilizam aquela área. A melhor forma de se guardar os dados para posterior tratamento é por meio de anotações feitas em planilhas de campo.

Quadro 6.1– Proposta de planilha de campo para anotações das observações da fauna em transectos lineares

| Nome do observador: | | | Local ou região da coleta: | | |
|---|---|---|---|---|---|
| Data: | | | Condições do tempo: | | |
| Horário de início das atividades: | | | Horário final: | | |
| Nome ou número do transecto: | | | Distância total da caminhada: | | |
| Horário da observação | Posição da trilha | Espécie observada | Tamanho do grupo | Distância perpendicular | Observações associadas |
|  |  |  |  |  |  |
|  |  |  |  |  |  |
|  |  |  |  |  |  |
|  |  |  |  |  |  |

Fonte: Cullen Junior; Rudran, 2003.

Ressaltamos que os transectos podem ser utilizados tanto para dados qualitativos quanto para a quantificação (densidade de populações) da fauna, como dito anteriormente.

## 6.8 Monitoramento da fauna por transmissores – radiotelemetria

Em seus trabalhos, os mastozoólogos têm apontado que mamíferos de médio e grande porte geralmente necessitam e utilizam um grande território para desenvolver seu nicho ecológico, obter vantagem competitiva e perpetuar sua população ao longo de muitas gerações.

Vimos que muitos hábitats estão inseridos em ecossistemas complexos, bastante heterogêneos ou que sofreram processos de degradação, tornando-se fragmentados.

Na natureza, encontramos muitas espécies de animais que são extremamente ariscas e outras que têm sua principal atividade no período noturno, tornando o trabalho de campo bastante difícil para os pesquisadores.

Desse modo, considerando tanto as questões da biologia das espécies quanto aquelas relacionadas à sua conservação, os métodos e as técnicas de monitoramento da fauna se tornaram imprescindíveis para o manejo da vida silvestre. Com o apoio da tecnologia, eles vêm evoluindo e se sofisticando a cada ano.

Os radiotransmissores são equipamentos capazes de emitir ondas de rádio que são codificadas em sinais, os quais são recebidos por uma antena receptora. Quando esses transmissores são acoplados aos animais, podem auxiliar os pesquisadores a localizá-los, acompanhar seus deslocamentos e até monitorar sinais vitais e fisiológicos (Jacob; Rudran, 2003).

É evidente que, tratando-se de estudos de fauna, uma combinação de métodos é desejável. Além disso, deve ser feita a avaliação prévia da necessidade do uso de metodologias mais caras e sofisticadas (como a radiotelemetria). Assim como quaisquer outros métodos, ela tem vantagens, desvantagens e limitações.

O equipamento de radiotelemetria é formado por um conjunto composto por transmissor, bateria, receptor, antena e um mecanismo de fixação do equipamento no corpo do animal, o qual irá variar em tamanho e peso conforme a espécie que se deseja trabalhar. Os transmissores podem ser fixados de diferentes maneiras, existindo atualmente mecanismos do tipo colar, arreio, adesivo e implantes (Jacob; Rudran, 2003).

É importante observar que a utilização da técnica de radiotelemetria envolve a utilização de técnicas de captura convencionais, como o uso de armadilhas de gaiola ou de queda, ou ainda de redes para a colocação do equipamento no animal. No caso de animais de grande porte, além da captura é necessário o uso de drogas anestésicas ou tranquilizantes, no sentido de facilitar a manipulação no momento pós-captura e também de oferecer segurança ao animal manipulado e aos pesquisadores.

Segundo Mangini e Nicola (2003), a contenção química pode ser feita diretamente, quando o animal é capturado, ou à distância, por meio do lançamento de dardos com anestésicos por equipamentos apropriados, como zarabatanas ou armas especiais de pressão ou de fogo.

Ainda segundo os autores, o protocolo de contenção química deve envolver questões como:

- K características básicas de anatomia, do metabolismo e da fisiologia da espécie estudada;
- K contraindicações e efeitos adversos das drogas que se pretende usar;
- K tempo necessário para execução de todos os procedimentos necessários ao estudo.

Jacob e Rudran (2003) enfatizam a importância de um apurado delineamento experimental antes de se realizar estudos em radiotelemetria. Eles recomendam que estudos que envolvam a radiotelemetria sejam prioritários para aquelas espécies cujas informações básicas sobre sua história natural sejam deficitárias. Afirmam ainda que é de extrema importância que o processo de amostragem considere a representatividade da população amostral. Além disso, indicam que os indivíduos ou os grupos sociais monitorados sejam a unidade amostral, enquanto suas localizações, as subamostras (Jacob; Rudran, 2003).

Devido aos custos elevados que estão atrelados às pesquisas com radiotelemetria, os autores sugerem o desenvolvimento de um projeto piloto, que deve ser estruturado de tal maneira que seja capaz de prover informações preliminares sobre os esforços e os custos envolvidos, além de informar sobre as variáveis inerentes aos trabalhos de campo e ao método escolhido, a otimização dos recursos e o retorno satisfatório de informações (Jacob; Rudran, 2003).

Existem vários outros métodos para estudos da fauna que têm suas especificidades relacionadas ao grupo que se trabalha e que não foram abordados aqui. Todos os métodos aqui tratados são partes complementares de um projeto de inventário de fauna, sendo importante ressaltar que eles não são suficientes para um diagnóstico que os utilize isoladamente.

Para finalizar, destacamos que toda e qualquer amostragem da vida silvestre requer licenças específicas, emitidas pelo Instituto Chico Mendes de Conservação da Biodiversidade, por meio do Sistema de Autorização e Informação em Biodiversidade (Sisbio).

## 6.9 O uso dos Sistemas de Informações Geográficas (SIG) no monitoramento ambiental

No passado, a integração das informações obtidas de mapas e cartas geográficas era feita manualmente, geralmente resultando num processo árduo e muito moroso de trabalho. Nele, nem sempre as informações tinham referência geográfica e, além disso, eram registradas em diferentes escalas de abordagem.

O desenvolvimento de ambientes computacionais que permitem a análise de dados referenciados geograficamente facilitou a manipulação e o gerenciamento desses dados, bem como a integração das informações geográficas oriundas de diferentes fontes e escalas e o seu posterior armazenamento (Florenzano, 2002).

Assim, os Sistemas de Informações Geográficas (SIG) ganharam cada vez mais utilidade no estudo e no monitoramento ambiental, na geração de cadastros urbanos e no planejamento ambiental de áreas naturais e unidades de conservação. São importantes ainda nas tantas outras formas de uso do solo, na sua fiscalização e proteção.

A utilização dos SIG ganhou força também como importante ferramenta aliada à fiscalização ambiental, uma vez que a extensão de determinadas áreas e a dificuldade de acesso fragiliza o processo de inspeção por parte da equipe fiscalizadora, permitindo um uso inadequado, indevido ou ilegal do solo (Costa; Souza; Brites, 1996).

Os SIG também foram utilizados com sucesso na prevenção e no combate a incêndios em fragmentos florestais (Vettorazzi; Ferraz, 1998) e no zoneamento de áreas com forte influência de populações extrativistas. Isso permitiu o desenvolvimento de propostas inclusivas e de qualidade social, econômica e ambiental no espaço territorial de análise no trabalho desenvolvido por Herold, Machado e Nazar (2007) no município de Salinas da Margarida, no Estado da Bahia.

Os sistemas foram utilizados com sucesso também na avaliação das correlações existentes entre mamíferos em um mosaico fitofisionômico composto por vegetação nativa e talhões plantados com eucalipto (Spínola et al., 2005) e na conservação de aves ameaçadas de extinção (Guedes; Macieira; Barbosa, 2006).

Como vemos, são incontáveis as possibilidades de uso dos SIG para a gestão ambiental. Atualmente, o referencial de pontos geográficos é obtido por meio de equipamentos de Sistemas de Posicionamento Global (GPS).

O desenvolvimento de um receptor de sinais de baixo custo, aliado à simplicidade operacional e à possibilidade de análise computacional, por meio de softwares especializados, fizeram com que o uso de GPS nos trabalhos de campo fosse visto como rotina obrigatória.

São importantes alguns cuidados, contudo. Rodrigues et al. (2003), por exemplo, apontam que é importante conhecer o erro estimado para cada tipo de aparelho GPS utilizado na obtenção dos dados de campo. Esse é um fator-chave para a triagem do modelo e de sua pertinência ao projeto e também para aumentar a precisão no tratamento das informações.

Os autores fizeram um experimento de estimativa de erro e encontraram um equívoco máximo de 24,33 metros. Além disso, 95% das estimativas estavam a até 13,69 metros da posição correta. Não obstante, o estudo mostrou a importância desse sistema em integrar, por exemplo, dados coletados em fragmentos florestais distantes uns dos outros ou em áreas cujo mapeamento se encontra deficiente em termos de informação geográfica.

### Síntese

Neste capítulo, conhecemos os principais métodos de amostragem da fauna para levantamentos de campo da sua diversidade.

Vimos que existem métodos diretos e indiretos de coleta de dados, que vão desde os avistamentos do animal na área pesquisada, a escuta das suas vocalizações e a investigação de rastros e vestígios até entrevistas com moradores do entorno e armadilhas de captura.

Verificamos também a importância dos Sistemas de Informações Geográficas (SIG) nesses tipos de estudos e que é obrigatória a obtenção de licenças para o desenvolvimento desses trabalhos.

## Questões para revisão

1. Assinale as afirmativas a seguir como verdadeiras (V) ou falsas (F). Depois, marque a alternativa que corresponde à sequência correta:

   ( ) O inventário baseado nas informações obtidas pela coleta de rastros e vestígios é suficiente para o conheciemento da fauna numa dada área.

   ( ) Para o desenvolvimento de trabalhos que utilizam armadilhas do tipo pitfall, não é necessária a obtenção da licença de captura, pois os animais não são sacrificados após a coleta.

   ( ) O uso demasiado de playbacks pode prejudicar espécies da avifauna.

   ( ) Os trópicos são os locais com ambientes que apresentam maior grau de endemismos da fauna.

   ( ) A atividade da fauna assegura a complementação dos processos de polinização, mas a maior parte da dispersão de sementes das espécies vegetais das florestas tropicais é feita pelo vento e pela água.

   a. F, V, V, V, F.
   b. F, F, V, V, V.
   c. F, F, V, V, F.
   d. F, V, V, F, V.

2. Assinale as afirmativas a seguir como verdadeiras (V) ou falsas (F). Depois, marque a alternativa que corresponde à sequência correta:

   ( ) Nos levantamentos de fauna, é desejável a realização de entrevistas prévias com a população local para se ter uma ideia do que tem sido avistado ou, até mesmo, caçado nos arredores da área a ser inventariada.

   ( ) Os levantamentos de fauna devem ocorrer somente durante a estação chuvosa, pois no inverno seco a probabilidade de se encontrar animais é muito remota, aumentando os gastos com o projeto.

   ( ) O uso de armadilhas e redes de captura de animais vivos faz parte dos levantamentos indiretos de dados da fauna.

( ) Armadilhas de pegadas e armadilhas fotográficas fazem parte dos métodos diretos de obtenção de dados da fauna.

( ) Quando avistadas, as pegadas podem ser transformadas em moldes para posterior identificação, utilizando o solo do próprio local, misturando-o com água, numa mesma proporção.

a. F, V, F, V, F.
b. V, F, F, F, F.
c. F, F, V, F, F.
d. V, F, F, F, V.

3. Assinale as afirmativas a seguir como verdadeiras (V) ou falsas (F). Depois, marque a alternativa que corresponde à sequência correta:

( ) Uma das maneiras de obtenção de pegadas é o preparo de armadilhas chamadas de estações de pegadas.

( ) Quando utilizadas, as armadilhas fotográficas requerem a contenção do animal.

( ) Os métodos de captura da fauna são conhecidos como métodos diretos de levantamento.

( ) As armadilhas de queda são normalmente utilizadas para a captura de mamíferos de grande porte.

( ) As armadilhas de gaiola são mais adequadas para a captura de répteis e anfíbios.

a. V, V, F, F, F.
b. V, F, F, F, V.
c. F, V, V, F, F.
d. V, F, V, F, F.

4. Qual a importância da coleta de dados oriundos de rastros e vestígios para o levantamento da fauna, uma vez que não há avistamentos do animal nesse tipo de método?

5. Em quais situações é adequada a utilização dos métodos de captura da fauna?

### Questão para reflexão

Quais os métodos de levantamento de fauna mais apropriados para ecossistemas onde há uma heterogeneidade ambiental, com fitofisionomias que variam de campo aberto a mata densa?

### Para saber mais

Para saber mais sobre os assuntos tratados neste capítulo, leia a seguinte obra:

CULLEN JUNIOR, L.; RUDRAN, R.; VALLADARES-PADUA, C. (Org.). Métodos de estudos em biologia da conservação e manejo da vida silvestre. Curitiba: Ed. da UFPR/Fundação O Boticário de Proteção à Natureza, 2003.

# Capítulo 7

# A paisagem e a conservação da biodiversidade

## Conteúdos do capítulo
- A paisagem como unidade de estudo.
- A fragmentação das áreas de hábitat e suas consequências para a conservação da biodiversidade.
- O planejamento das reservas naturais com base no estudo da ecologia das paisagens e na Teoria da Biogeografia de Ilhas.
- Estudo de caso: a fragmentação florestal e a conservação da biodiversidade.

## Após o estudo deste capítulo, você será capaz de:
1. analisar a paisagem e entender a sua ecologia;
2. reconhecer os efeitos da fragmentação florestal para as comunidades silvestres;
3. identificar as melhores condições para a criação de reservas naturais;
4. planejar o estabelecimento de reservas baseando-se na Teoria da Biogeografia de Ilhas.

Forman e Godron (1986, p. 594) definem paisagem como "uma unidade heterogênea, composta por um complexo de unidades interativas (em geral ecossistemas, unidades de vegetação ou de uso e ocupação de terras)". De acordo com os autores, a estrutura pode ser definida pela área, forma e disposição espacial (grau de proximidade e de fragmentação) dessas unidades.

Segundo Forman (1995), a estrutura da paisagem está intimamente relacionada à sua fisionomia, sobretudo no que se refere ao arranjo espacial dos fragmentos de hábitat, à densidade e à complexidade dos corredores de hábitat e à permeabilidade da matriz. Para Metzger (2003), ela interfere na dinâmica das populações silvestres, alterando os riscos de extinção e as possibilidades de deslocamento dessas populações pela paisagem.

Desde meados da década de 1980, inúmeros trabalhos foram realizados no sentido de pesquisar a estrutura e a proporção da área ocupada pelos hábitats na paisagem, bem como seu arranjo espacial. A premissa era a de que esses aspectos pudessem possibilitar a definição do grau de isolamento das espécies e sua capacidade de manutenção em fragmentos de hábitat.

Nesse sentido, cabem algumas considerações sobre trabalhos que julgamos importantes para uma reflexão acerca da relação entre a ecologia da paisagem e a conservação da biodiversidade.

Em primeiro lugar, há um consenso no que se refere à redução dos hábitats: os especialistas creem que este seja um dos mais graves processos ambientais pelos quais o planeta passa. A consequência é a extinção local da fauna e da flora silvestres em ambientes isolados. Para Shaffer (1981) e Fernandez (1997), os efeitos da perda de espécies em hábitats isolados, especialmente nos parques e reservas, parecem afetar em maior grau certo grupo de espécies do que outros. Harris (1984) afirma que grupos como anfíbios e répteis seriam os mais afetados, seguidos de mamíferos, aves residentes e permanentes e aves migratórias.

Geralmente, assim como para a flora, as espécies da fauna mais vulneráveis ao desaparecimento são aquelas representadas por populações pequenas, com alto grau de especialização e que ocorrem nos mais altos níveis tróficos, como os carnívoros (Marini-Filho; Martins, 2000). Portanto, a necessidade da heterogeneidade nos hábitats é particularmente crítica para os animais e, principalmente, para os mamíferos.

Para Silva (1998), a cadeia trófica e a espacialidade de usos nos hábitats evidenciam as relações interdependentes entre a flora e a fauna numa dada comunidade. Assim, espera-se que os estágios mais avançados no processo sucessional da fitocenose apresentem maiores oportunidades de interações e de diversificação da fauna. Dessa forma, também a resposta da fauna às alterações no hábitat será proporcional ao grau de perturbação (Fonseca; Kierulff, 1989; Stallings, 1988; Silva, 1998).

Os hábitats com alterações na disponibilidade de recursos e grande flutuação nas condições ambientais podem modificar o período reprodutivo de algumas populações de pequenos mamíferos, principalmente roedores e marsupiais. Eles apresentam reprodução sazonal e sua otimização do processo reprodutivo ocorre mediante a oferta de recursos nos ambientes que ocupam (Fonseca; Kierulff, 1989).

Nesse panorama, consideramos ainda que o isolamento e a fragmentação causam sérios problemas à dispersão de sementes pelos animais (zoocoria). Isso reduz a diversidade de recursos para a germinação e o estabelecimento de um banco de plântulas (Pickett; White, 1985), alterando, assim, a qualidade do hábitat. Este, quando alterado e isolado, pode não ser suficientemente diverso e complexo para sustentar possíveis animais que migrarem para a área.

Lomolino (1984) afirma que a taxa de imigração declina com o isolamento. Estudando mamíferos, encontrou resultados em que a riqueza de espécies está diretamente relacionada ao isolamento de uma área natural. Esses dados sobre o tamanho de um dado fragmento florestal isolado e a riqueza de espécies nele presentes são também corroborados por Stevens e Husband (1998), quando estudaram pequenos mamíferos em trechos da Floresta Atlântica no Nordeste brasileiro.

Nos casos da paisagem onde o entorno é totalmente tomado pela ocupação urbana, os resultados dos estudos apontam que são reduzidas ou inexistentes as possibilidades de uma grande variedade de espécies dispersoras de sementes chegarem nos fragmentos de mata. A exceção fica por conta de aves e morcegos, limitando a diversificação das espécies da flora. Estradas, por exemplo, inibem os movimentos dos animais. Segundo Sullivan e Shaffer (1975), esse efeito não depende necessariamente do tráfego ou da superfície da estrada, mas está relacionado diretamente à obstrução do contínuo florestal, ou seja, à distância que o animal deve percorrer desde a margem da floresta para atravessá-la.

Populações de plantas e animais naturalmente crescem e dispersam, demandando certo espaço para sobrevivência dos novos indivíduos recrutados e para sua permanência no local. Como visto, a dispersão é interrompida por barreiras ambientais de natureza diversificada.

Segundo Janzen (1988), as espécies silvestres habitantes de áreas naturais sujeitas a condições severas de isolamento constituem-se "mortos-vivos" no sistema natural. Nele, os organismos estão vivendo seu período de vida fisiológico, mas não são mais membros de populações persistentes. O autor preceitua, também, que a conservação da biodiversidade nesses fragmentos depende da inserção de materiais biológicos provenientes de áreas intactas próximas, visando à restauração dos hábitats.

O resultado esperado da constricção de áreas de hábitat e da sequência sucessiva de impactos sobre os ecossistemas naturais é a acelerada extinção local de espécies e a degeneração das condições naturais da floresta (Sullivan; Shaffer; 1975; Abele; Simberloff, 1982; Fonseca; Kierulff, 1989; Bazzaz, 1996; Ashton, 1997; Leitão Filho; Morellato, 1995).

Nesse contexto, os esforços para restabelecer funções biológicas, estéticas, funcionais e de outros tipos na paisagem são dependentes do grau de degradação em que se encontram os ecossistemas envolvidos, além da existência de alguma capacidade de retorno ao estado original. Para Forman e Godron (1986), no entanto, essa capacidade depende não só das condições do local afetado por algum distúrbio, mas também das características do entorno e da paisagem nas quais a área se insere.

Os autores afirmam que o padrão da diversidade de espécies presentes num fragmento de mata isolado em meio à paisagem relaciona-se da seguinte maneira (Forman; Godron, 1986):

$$S = f\ (+\ \text{diversidade de hábitats},\ -\ (+)\ \text{distúrbio},\ +\ \text{área},\ +\ \text{idade},\ +\ \text{heterogeneidade da matriz},\ -\ \text{isolamento},\ -\ \text{fronteira})$$

Em que:

- S (número de espécies) é uma função f de certas características da paisagem;
- + significa uma característica relacionada positivamente à diversidade de espécies;
- − significa uma característica relacionada negativamente.

O dilema entre a permanência das populações nas ilhas de hábitats terrestres que se tornam cada vez menores e a perpetuação das espécies já existentes nessas áreas foi exaustivamente discutido entre inúmeros autores que estudam a conservação de áreas naturais. Entre eles, Diamond (1975; 1976) e Williams (1997) sugerem que algum tipo de ligação seja necessária para conectar fragmentos em áreas funcionais maiores pelo estabelecimento de corredores biológicos. Segundo os autores, o fluxo de espécies por um corredor iria balancear os efeitos da insularização, permitindo maior intercâmbio entre táxons.

Estudando 15 fragmentos de mata na bacia do Rio Jacaré–Pepira, no interior do Estado de São Paulo, Metzger, Goldenberg e Bernacci (1999) concluíram que os fragmentos que se encontravam bem conectados, favorecendo o trânsito de espécies entre eles, ajudam a manter a grande variedade de espécies. Além disso, afirmam que a manutenção dos pequenos trechos isolados de aglomerados de árvores propicia o fluxo biológico entre os fragmentos e tem importante função como ponto de ligação entre os remanescentes da região.

Tais pontos de ligação, também chamados trampolins ecológicos ou steppingstones, constituem pequenas áreas de hábitat dispersas numa dada matriz de paisagem (não hábitat). Eles desempenham importante papel no movimento de algumas espécies e repouso de outras, ou na persistência, em uma dada paisagem fragmentada, daquelas que não carecem de grandes espaços de hábitat ou mesmo de refúgio para animais em trânsito (Forman, 1995).

Ao analisar os biomas com vistas à ecologia da paisagem, perceberemos que não apenas as áreas urbanas, mas também as áreas rurais e naturais estão inseridas em um contexto heterogêneo de ambientes e mosaicos de tipos de vegetação, urbanização e hidrologia. Neles se estabelecem também as unidades de conservação, que são os locais considerados prioritários para a perpetuação da biodiversidade. Porém, o histórico da maioria das unidades mostra que suas terras foram adquiridas pelos governos de antigos fazendeiros, que as utilizavam com fins produtivos, sem a preocupação com a preservação, em que os remanescentes de áreas naturais eram transformados em áreas de hábitat para a vida silvestre isoladas na paisagem.

Assim, a ecologia da paisagem também engloba em seus objetivos as discussões sobre as melhores formas de planejamento de áreas para a conservação da diversidade biológica.

Segundo Odum (2013) e Ricklefs (2012), um trabalho de destaque nos estudos sobre o isolamento de populações silvestres foi a Teoria da Biogeografia de Ilhas de MacArthur e Wilson, publicada em 1967. Essa teoria tem como pressupostos que as comunidades insulares são mais pobres em espécies do que as comunidades continentais e que a riqueza de espécies aumenta conforme o tamanho da ilha aumente e diminui com o seu isolamento. Também considera que ilhas de localização próxima a uma fonte colonizadora, como o continente, têm maior riqueza do que aquelas distantes e que o equilíbrio entre as taxas de emigração e imigração influenciam o número de espécies da ilha (Odum, 2013).

Há ainda a inferência de que a teoria de MacArthur e Wilson pode embasar o planejamento de reservas naturais, instituídas para a preservação da diversidade biológica (Marini-Filho; Martins, 2000).

Analogamente às ilhas, para a conservação da biodiversidade, é preferível a criação de reservas de tamanho grande ao invés do estabelecimento de reservas de tamanho pequeno (Figura 7.1-A). Do mesmo modo, uma reserva de tamanho grande é melhor do que várias reservas de tamanho reduzido, ainda que somadas as suas áreas sejam equivalentes à maior (Figura 7.1-B). Já as reservas pequenas, próximas umas das outras ou unidas por corredores ecológicos, são melhores do que reservas pequenas e isoladas (Figura 7.1-C, D e E). Enquanto isso, as formas próximas às circulares maximizam a proporção entre área e perímetro e são melhores do que áreas de formato alongado (Figura 7.1-F).

# A paisagem e a conservação da biodiversidade

Figura 7.1 – Planejamento de reservas naturais com premissas baseadas na Teoria da Biogeografia de Ilhas

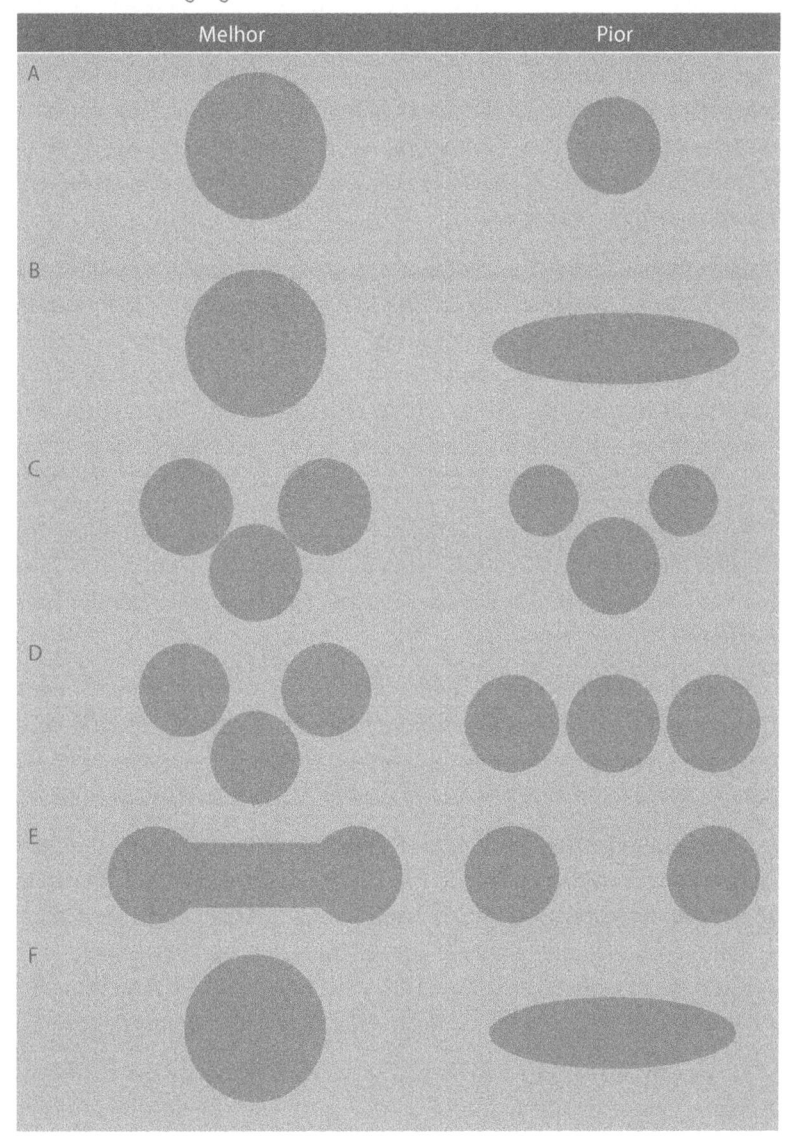

Fonte: Adaptado de Marini-Filho; Martins, 2000.

Na Figura 7.1, a coluna da esquerda mostra a melhor situação e a da direita, a pior situação. Nesse cenário, a consolidação das reservas deve contemplar critérios de tamanho, nos quais as reservas grandes seriam preferíveis às pequenas; disposição espacial, nos quais as reservas próximas seriam preferíveis em relação às distantes; configuração, nos quais as reservas com formato aproximado ao circular seriam preferíveis àquelas de formato alongado; e conexão, nos quais reservas conectadas seriam preferíveis àquelas isoladas.

Somam-se ao quadro de fragmentação dos hábitats naturais as ameaças causadas pelas mudanças no clima. Isso é provocado, basicamente, pela exploração dos recursos naturais e pela conversão das áreas silvestres em campos agrícolas ou cidades. Em meados da década de 1990, Bailey (1996) afirmou que, por concepção, os ecossistemas da Terra funcionam como sistemas inter-relacionados e que todos os seus componentes estão conectados, inclusive o clima.

Ainda na década de 1990, Peters II (1997) já previa que as populações naturais de espécies silvestres que forem incapazes de colonizar um novo hábitat para fugir de condições climáticas extremas estão condenadas à extinção.

Segundo Marengo (2006), o aquecimento global do clima no planeta tem impactos ambientais intensos (como o derretimento das geleiras e calotas polares), assim como em processos biológicos (como os períodos de floração, por exemplo) e nas funções ecológicas dos ecossistemas tropicais.

Mais recentemente, Colombo e Joly (2010) realizaram um estudo relacionando os impactos das mudanças climáticas à área de distribuição de 38 espécies de árvores típicas de Mata Atlântica. Segundo os resultados encontrados, os autores arriscam a previsão de que, entre as espécies que sofrerão maior redução de sua área de ocorrência devido ao fator climático estão a Euterpe edulis (o palmito-juçara) e a Inga sessilis (o ingá-ferradura).

Como vimos, a avaliação das consequências dos impactos das atividades humanas nos ecossistemas, bem como seus reflexos na perda de espécies, são temas que têm sido abordados nos trabalhos dos cientistas ligados à conservação da biodiversidade. No entanto, o volume de estudos que buscam associar a complexidade dos sistemas ecológicos aos problemas relacionados às mudanças globais e à extinção ainda é insuficiente para acompanhar as altas taxas de extinção e de conversão dos sistemas naturais em antrópicos.

Para Tomasulo (2012), programas de pesquisas regionais devem ser direcionados para auxiliar o Poder Público na tomada de decisões no planejamento ambiental dos patrimônios naturais que apresentem considerável diversidade biológica.

Nosso maior desafio será associar a conservação da biodiversidade aos modelos de desenvolvimento econômico vigentes, de maneira a garantir às futuras gerações a manutenção do rico patrimônio natural brasileiro.

### Estudo de caso

A fragmentação florestal e a conservação da biodiversidade

Intrigados sobre como os fragmentos florestais poderiam ajudar a manter a diversidade biológica, evitando as extinções de espécies em áreas alteradas pelo desmatamento, três pesquisadores estudaram as florestas remanescentes no interior de São Paulo. Optaram por locais dominados pela ocupação humana, com o predomínio de pastagens e cultivo da cana-de-açúcar, no final da década de 1990 (Metzger; Goldenberg; Bernacci, 1999).

No interior do Estado de São Paulo, a cultura cafeeira se expandiu extensamente ao longo dos séculos XIX e XX e, em decorrência da atividade agrícola, grandes extensões de florestas interioranas foram dizimadas. Restaram pequenos fragmentos isolados, em grande parte localizados ao longo dos cursos d'água, com formato estreito e alongado, constituindo corredores de floresta. De modo geral, essas áreas de mata localizadas ao longo dos cursos d'água são denominadas matas ciliares ou ripárias (Ab'Saber, 2001).

Para avaliar as funções desses corredores de mata, os pesquisadores estudaram 15 fragmentos florestais na bacia do Rio Jacaré-Pepira, no domínio das Florestas Estacionais Semideciduais, na região central do Estado de São Paulo. Esses fragmentos tinham tamanhos e graus de conectividade com fragmentos vizinhos diferentes, sendo alguns totalmente isolados e outros interligados por corredores de mata estreitos ou largos. A Tabela 7.1 sintetiza a área, a riqueza e a diversidade média dos fragmentos estudados.

Como dados biológicos, os pesquisadores utilizaram a diversidade de árvores e arbustos dos fragmentos por meio de levantamentos florísticos. Para avaliar o grau de conexão das manchas florestais e a complexidade espacial da paisagem do entorno, foram analisadas imagens de satélite da região.

Nesse estudo, o grau de conexão foi medido pela densidade de corredores florestais existentes e pelos pontos de ligação entre os fragmentos. Os autores definiram que os chamados pontos de ligação seriam constituídos por um grupo de árvores que pudessem servir como refúgio para a fauna e também como ilhas de regeneração florestal.

Tabela 7.1 — Características gerais dos fragmentos florestais estudados na bacia do Rio Jacaré-Pepira

| Denominação dos fragmentos de mata | Classes de largurados fragmentos | Largura média (m) | Área (hectares) | Riqueza (número de espécies) | Diversidade |
|---|---|---|---|---|---|
| F11 | Largo | 350 | 37,26 | 63 | 3,08 |
| F12 | Médio | 60 | 2,16 | 48 | 3,31 |
| F13 | Médio | 60 | 1,08 | 56 | 3,48 |
| F14 | Estreito | 35 | 0,81 | 54 | 3,36 |
| F15 | Estreito | 45 | 0,90 | 14 | 1,59 |
| F16 | Estreito | 35 | 0,99 | 73 | 3,84 |
| F21 | Largo | 200 | 27,27 | 110 | 4,30 |
| F22 | Médio | 70 | 2,07 | 78 | 3,83 |
| F23 | Estreito | 35 | 1,08 | 51 | 3,49 |
| F31 | Largo | 650 | 73,53 | 88 | 3,60 |
| F32 | Médio | 80 | 4,77 | 66 | 3,55 |
| F33 | Estreito | 30 | 0,63 | 40 | 2,88 |
| F41 | Largo | 140 | 6,48 | 69 | 3,22 |
| F42 | Médio | 65 | 1,17 | 53 | 3,03 |
| F43 | Estreito | 30 | 0,81 | 32 | 2,81 |

Fonte: Metzger; Goldenberg; Bernacci, 1999.

Para a Tabela 7.1, a diversidade foi calculada com base no índice de diversidade (H') de Shannon e Wiener, conforme descrito em suas particularidades por Ludwig e Reynolds (1988). Esse índice considera em seu cálculo não apenas o número de espécies presentes, mas também a abundância de indivíduos de cada espécie.

Os pesquisadores compararam os resultados obtidos nos levantamentos efetuados em cada fragmento e concluíram que a diversidade de árvores e arbustos depende não apenas do tamanho do fragmento, mas do grau de conectividade entre eles. Isso permitiria a permeabilidade da paisagem, ou seja, proporcionaria maior trânsito das espécies entre os hábitats.

Os autores chamaram a atenção para aqueles fragmentos que têm tamanhos semelhantes e número de espécies distinto, como no caso daqueles denominados $F_{11}$ e $F_{21}$. Ponderaram que, no levantamento florístico realizado, a diversidade em $F_{11}$ foi baixa, enquanto $F_{21}$ apresentou um dos maiores índices obtidos em levantamentos nas florestas interioranas de São Paulo. Eles atribuíram esse resultado à alta densidade de corredores e pontos de ligação existentes ao seu redor – ou seja, a paisagem no entorno do fragmento $F_{21}$ é mais permeável e favorece os fluxos biológicos e, por consequência, a diversidade.

Outra abordagem desse trabalho considerou as matas ciliares como corredores de diferentes larguras, as quais foram medidas desde a margem do rio até a borda oposta da mata, na outra margem. A resposta ambicionada nessa etapa era relacionada à influência que a largura das áreas de floresta tem na riqueza de espécies.

Com relação a essa análise, Metzger, Goldenberg e Bernacci (1999) relataram que 50% das espécies levantadas ocorriam nos trechos de mata que tinham menos de 50 metros de largura, enquanto 75% do total das espécies foram detectadas nos fragmentos com até 90 metros de largura. Os autores consideraram que, naqueles fragmentos mais estreitos, são encontrados apenas trechos sujeitos à dinâmica hidrológica do rio, abrangendo somente áreas inundadas periodicamente na época das cheias, fator limitante para outras espécies intolerantes à inundação do solo.

Contendo apenas um tipo de hábitat seletivo, esses fragmentos seriam mais pobres em espécies quando em comparação com aqueles que englobariam não somente as áreas inundáveis, mas também trechos secos, mais distantes da influência do rio e com maior riqueza de espécies.

Por fim, os pesquisadores traçaram algumas ponderações para a conservação de espécies em áreas que sofreram um severo processo de fragmentação. Entre elas, afirmaram que a maior parte dos corredores de vegetação em São Paulo se localizam ao longo dos cursos d'água. Nesse sentido, seriam responsáveis pela manutenção do fluxo de indivíduos entre os fragmentos de mata, diminuindo o isolamento das populações silvestres habitantes de áreas florestais fracionadas.

Afirmaram também que, segundo os resultados obtidos, o tamanho de um fragmento pode ser um parâmetro de menor propriedade para a estimativa da diversidade de espécies do que o entorno do fragmento. Isso quando a paisagem tem permeabilidade suficiente para permitir o fluxo dos indivíduos entre os fragmentos.

Os autores observaram, ainda, que a dispersão de cerca de 50% das espécies de árvores inclusas nos levantamentos é feita por aves e que mesmo árvores isoladas podem se constituir em excelentes trampolins ecológicos. Serviriam como pontos de parada para os disseminadores durantes seus deslocamentos entre os fragmentos, contribuindo para o processo de fluxo biológico.

Observamos que se referenciam aqui outros trabalhos de interesse, realizados na mesma época deste estudo de caso. Eles corroboram os resultados apresentados anteriormente, nos quais a fragmentação florestal seguida pelo isolamento dos fragmentos diminuem significativamente a diversidade de espécies, colocando muitas delas em risco de extinção, fatos atestados por Kageyama, Gandara e Souza (1998), Laurance (1998), Viana e Pinheiro (1998), Nascimento et al. (1999), Dislich, Cersósimo e Mantovani (2001).

# A paisagem e a conservação da biodiversidade

## Síntese

Neste capítulo, conhecemos como o estudo da estrutura da paisagem pode nos auxiliar na compreensão dos efeitos da fragmentação dos hábitats sobre as comunidades silvestres.

Além disso, foi possível analisarmos os resultados obtidos por diversos estudos que tiveram como objetivo identificar o grau de isolamento das espécies quando seus hábitats foram submetidos ao processo de fragmentação e o quanto o grau de isolamento dos hábitats fragmentados influenciou na manutenção de suas populações num dado local.

Vimos também que podemos aplicar a Teoria da Biogeografia de Ilhas no planejamento de reservas naturais, no sentido de obter um melhor resultado para a conservação da biodiversidade em áreas protegidas.

Por fim, analisamos os resultados de um estudo de caso realizado nas matas ciliares da bacia do Rio Jacaré-Pepira, no interior do Estado de São Paulo, e como a fragmentação alterou a composição das espécies da vegetação nessas matas.

## Questões para revisão

1. Assinale as afirmativas a seguir como verdadeiras (V) ou falsas (F). Depois, marque a alternativa que corresponde à sequência correta:

   ( ) Na definição do termo paisagem, as unidades interativas correspondem aos ambientes naturais que incluem fragmentos de áreas de hábitat e as formas de uso da terra.

   ( ) A estrutura da paisagem está relacionada à frequência com que as áreas semelhantes se repetem ao longo de uma certa extensão de terra.

   ( ) No que diz respeito à ameaça de extinção, o isolamento dos hábitats causa um maior efeito para o grupo das aves do que para o grupo dos anfíbios.

( ) As espécies que são representantes dos níveis tróficos mais básicos de uma teia alimentar são aquelas mais vulneráveis ao desaparecimento quanto ocorre o isolamento de um hábitat devido à fragmentação.

( ) Na recuperação de um ambiente após algum distúrbio, os estágios mais avançados são capazes de gerar mais interações na paisagem do que os estágios pioneiros.

a. V, F, F, F, V.
b. V, F, F, V, V.
c. V, V, F, F, V.
d. V, F, V, V, V.

2. Assinale as afirmativas a seguir como verdadeiras (V) ou falsas (F). Depois, marque a alternativa que corresponde à sequência correta:

( ) A fragmentação de um hábitat e seu consequente isolamento favorecem a dispersão das espécies vegetais, pois obrigam os animais a mudarem de um hábitat para outro, levando os propágulos para os diversos fragmentos de hábitat na paisagem.

( ) Nos casos daquelas paisagens nas quais o entorno é totalmente tomado pela ocupação urbana, é esperado que sejam poucas ou nulas as possibilidades de uma grande variedade de espécies dispersoras de sementes chegarem aos fragmentos de mata. Assim, as cidades seriam uma barreira geográfica à dispersão.

( ) Uma população com baixo número de indivíduos é capaz de persistir por um grande período de tempo em hábitats isolados pelo processo de fragmentação.

( ) Ambientes com alto grau de degradação apresentam maior complexidade de restauração do que aqueles que apresentam condições de estrutura próximas às naturais, sem grandes alterações.

( ) Para que os fragmentos de hábitat numa paisagem sejam ecologicamente funcionais, é desejável que haja uma maior área ou uma conexão entre eles.

## A paisagem e a conservação da biodiversidade

   a. F, F, F, F, F.
   b. F, F, F, V, V.
   c. F, V, F, V, V.
   d. V, V, V, V, V.

3. Assinale as afirmativas a seguir como verdadeiras (V) ou falsas (F). Depois, marque a alternativa que corresponde à sequência correta:

   ( ) Pontos de ligação entre hábitats fragmentados podem influenciar negativamente a riqueza de espécies num dado ecossistema.

   ( ) Não está no escopo do estudo da paisagem a discussão sobre as melhores formas de planejamento de áreas para a conservação da diversidade biológica, uma vez que essa área está intimamente ligada à biologia da conservação.

   ( ) Um fragmento de tamanho grande tem chance de ter maior riqueza de espécies do que um fragmento de tamanho pequeno.

   ( ) A Teoria de Biogeografia de Ilhas pode embasar o estabelecimento de reservas naturais, desde que estas sejam áreas localizadas no mar, sem ligação com o continente.

   ( ) A presença de corredores ecológicos e de stepping stones podem tornar uma paisagem ecologicamente mais permeável.

   a. F, F, V, F, V.
   b. F, F, V, V, V.
   c. F, V, V, V, V.
   d. V, F, F, V, V.

4. Qual é a melhor definição de paisagem, levando em consideração os aspectos ecológicos dos ecossistemas?

5. Quais as situações que tornam uma paisagem permeável?

### Questão para reflexão

Qual a utilidade do estudo da paisagem para um gestor da biodiversidade?

> **Para saber mais**
>
> Para se aprofundar nos assuntos tratados neste capítulo, é interessante a leitura integral da obra de Forman:
>
> FORMAN, R. T. T. Land Mosaics: the Ecology of Landscapes and Regions. Cambridge: Cambridge University Press, 1995.

# Para concluir...

Desde que os primeiros organismos surgiram na Terra, há mais de 3 bilhões de anos, a vida se diversificou e as espécies conquistaram os mais variados ambientes.

A incerteza do número de espécies existentes ainda persiste e incita pesquisadores ao desenvolvimento de projetos relacionados ao tema. Atualmente, acredita-se que tenhamos mais de 8 milhões de espécies habitando todos os biomas existentes no planeta, e que esse número pode ser maior, o que aguça ainda mais a mente inquieta daqueles que investigam a biota da Terra.

Nesta obra, vimos que a biodiversidade tem valor próprio, isto é, as espécies têm grande importância pela simples existência, pelo papel que desempenham na manutenção e no equilíbrio dos ecossistemas, além disso, há a importância social e econômica da biodiversidade, que é a base do sustento e dos recursos naturais da sociedade moderna.

A utilização da natureza pelo ser humano gera impactos sobre o meio ambiente, muitas vezes irreversíveis, como a extinção de espécies. Isso torna urgente assumirmos um modelo de desenvolvimento sustentável que possa associar as necessidades humanas à preservação dos ecossistemas e à sobrevivência de suas espécies.

O crescente conhecimento da ciência sobre importantes questões ambientais fez com que houvesse um impulso positivo por convenções, fóruns de discussões e conferências internacionais sobre a diversidade biológica. Isso envolveu a quantificação do desmatamento em regiões tropicais, a extinção de espécies e de recursos naturais, além da intrínseca associação entre a conservação da biodiversidade e o desenvolvimento econômico.

Nesse panorama, no Rio de Janeiro, em 1992, a Organização das Nações Unidas (ONU) realizou a Conferência das Nações Unidas sobre o Meio Ambiente e Desenvolvimento. Essa conferência aprovou a convenção sobre biodiversidade, que culminou, mais tarde, na Convenção sobre Diversidade Biológica (CDB) e nos Decretos n. 1.354, de 29 de dezembro de 1994 (Brasil, 1994a) – que institui o Programa Nacional da Diversidade Biológica –, n. 4.339, de 22 de agosto de 2002 (Brasil, 2002) – que institui princípios e diretrizes para a implementação da Política Nacional da Biodiversidade –, e n. 4.703, de

21 de maio de 2003 (Brasil, 2003) –, que dispõe sobre o Programa Nacional da Diversidade Biológica e a Comissão Nacional da Biodiversidade.

Os trópicos são os locais com maior diversidade biológica no planeta e, potencialmente, representam um reservatório natural de alimentos, fármacos, fibras, óleos, além de outros produtos ainda desconhecidos e/ou pouco explorados. Neles, os ecossistemas são dotados de grande quantidade de espécies, mas poucas são realmente abundantes.

A instituição da CDB representou um grande marco para as iniciativas conservacionistas, pois adota um consenso sobre por que devemos conservar a biodiversidade e qual a importância dessa conservação na estruturação de políticas sustentáveis de desenvolvimento.

Os esforços aplicados no manejo contínuo da flora e da fauna nativas são resultantes da luta dos pesquisadores contra o tempo no sentido de aliviar as taxas crescentes de extinção de espécies, as quais estão intimamente associadas à redução dos hábitats onde elas vivem.

Para entendermos melhor esse assunto, vimos também que as atuais pressões antrópicas sobre as áreas naturais estão transformando os hábitats das comunidades biológicas silvestres em fragmentos cercados por áreas urbanizadas e/ou terras agrícolas de domínio humano.

A ciência que aborda a ecologia da paisagem nos alerta para o fato de que pequenas áreas não são capazes de manter a viabilidade de perpetuação de populações das espécies que as habitam, e o mesmo princípio pode ser aplicado às reservas naturais. Concluímos que, mesmo protegidas, essas áreas podem estar colocando em risco de extinção muitas dessas espécies pelo simples fato de não oferecerem espaço suficiente para as populações silvestres subsistirem num longo prazo.

Nosso conhecimento sobre a biodiversidade ainda é superficial e se constitui em fator limitante para nossas ações de conservação. Não sabemos exatamente quantas espécies existem e, por conseguinte, quantas estão criticamente ameaçadas, quais os locais que devem ser prioritários para a criação de unidades de conservação da natureza, quais os locais passíveis de se permitir intervenções antrópicas de forma intensa, entre muitos outros aspectos relacionados ao tema.

Sabemos que os recursos naturais são finitos e que a renovabilidade deles depende das chances que a sociedade conseguir prover para que os ecossistemas naturais permaneçam saudáveis. Só com esse entendimento será possível vermos a perpetuidade das populações silvestres da fauna e da flora que habitam esses ecossistemas e a ininterrupção dos seus processos evolutivos e dos seus ciclos naturais de matéria e energia.

Na Terra, todos os recursos, sejam eles bióticos, sejam abióticos, estão fortemente associados. Essa conjugação, uma vez rompida, desencadeia um processo de degradação que pode ser irreparável. O papel da gestão da biodiversidade vai além da compreensão da diversificação das espécies num dado ambiente, envolvendo o entendimento processual dos sistemas ecológicos e da implementação de ações que auxiliem seu fluxo natural e integrado.

"Nosso planeta – Gaia – funciona a partir do ato de um organismo individual que se desenvolve até o altruísmo global" (James Lovelock, citado por Odum, 1988).

# Referências

A ÁRVORE da vida. Desenho de Charles Darwin. Disponível em: <http://www.aguaonline.net/opinionarticle/content.php?id=29>. Acesso em: 4 nov. 2014.

ABELE, L. G.; SIMBERLOFF, D. Refuge Design and Island Biogeographic Theory: Effects of Fragmentation. The American Naturalist, v. 120, n. 1, p. 41-50, July 1982.

AB'SABER, A. N. O suporte geoecológico das florestas beiradeiras (ciliares). São Paulo: Fapesp, 2001.

ALEIXO, A. Conceitos de espécie e suas implicações para a conservação. Megadiversidade, v. 5, n. 1-2, p. 87-95, dez. 2009. Disponível em: <http://repositorio.museu-goeldi.br/jspui/bitstream/123456789/540/1/Megadiversidade%205%281-2%29%202009%20Aleixo.pdf>. Acesso em: 5 nov. 2014.

AMORIM, D. S. Fundamentos de sistemática filogenética. Ribeirão Preto: Holos, 2002.

ARAÚJO, I. Biogeografia de ilhas. Disponível em: <http://pt.slideshare.net/ivaneiaraujo3/biogeografia-de-ilhas-32675168>. Acesso em: 26 mar. 2015.

ASHTON, P. S. Conservação da diversidade biológica em jardins botânicos. In: WILSON, E. O.; PETER, F. M. (Org.). Biodiversidade. Rio de Janeiro: Nova Fronteira, 1997. p. 342-355.

BAILEY, R. G. Ecosystem Geography. New York: Springer Verlag, 1996.

BAYLÃO, R. di S.; BENSUSAN, N. A questão da proteção dos conhecimentos tradicionais associados aos recursos genéticos nos fóruns internacionais. In: LIMA, A.; BENSUSAN, N. (Org.). Quem cala consente?: subsídios para proteção aos conhecimentos tradicionais. São Paulo: Instituto Socioambiental, 2003. p. 17-22. (Série Documentos do ISA, v. 8.).

BAZZAZ, F. A. Plants in Changing Environments. Cambridge: Cambridge University Press, 1996.

BECKER, M.; DALPONTE, J. C. Rastros de mamíferos silvestres brasileiros: um guia de campo. Brasília: Ed. UnB, 1991.

BEGON, M.; HARPER, J. L.; TOWNSEND, C. R. Fundamentos em ecologia. 3. ed. Porto Alegre: Artmed, 2010.

BONONI, V. L. R.; FIDALGO, O. Técnicas de coleta, preservação e herborização de material botânico. São Paulo: Instituto de Botânica, 1984.

BONVICINO, C. R.; LINDBERGH, S. M.; MAROJA, L. S. Small Non-Flying Mammals from Conserved and Altered Areas of Atlantic Forest and Cerrado: Comments on their Potential Use for Monitoring Environment. Brazilian Journal of Biology, São Carlos, v. 62, n. 4, p. 765-774, Nov. 2002. Disponível em: <http://www.scielo.br/scielo.php?script=sci_arttext&pid=S1519-69842002000500005>. Acesso em: 5 nov. 2014.

BORGES, M. R. F.; MARTINS, R. Levantamento de mastofauna. São Paulo: Instituto Embu de Sustentabilidade, 2010.

BRASIL. Decreto n. 1.354, de 29 de dezembro de 1994. Diário Oficial da União, Poder Executivo, Brasília, DF, 30 dez. 1994a. Disponível em: <http://www.planalto.gov.br/ccivil_03/decreto/D1354.htm>. Acesso em: 4 nov. 2014.

_____. Decreto n. 4.339, de 22 de agosto de 2002. Diário Oficial da União, Poder Executivo, Brasília, DF, 23 ago. 2002. Disponível em: <http://www.planalto.gov.br/ccivil_03/decreto/2002/D4339.htm>. Acesso em: 4 nov. 2014.

_____. Decreto n. 4.703, de 21 de maio de 2003. Diário Oficial da União, Poder Executivo, Brasília, DF, 22 maio 2003. Disponível em: <http://www.planalto.gov.br/ccivil_03/decreto/2003/D4703.htm>. Acesso em: 4 nov. 2014.

BRASIL. Lei n. 9.985, de 18 de julho de 2000. Brasília: Diário Oficial da União, Poder Legislativo, Brasília, DF, 19 jul. 2000. Disponível em: <http://www.planalto.gov.br/ccivil_03/leis/l9985.htm>. Acesso em: 21 set. 2014.

BRASIL. Medida provisória n. 2.186-16, de 23 de agosto de 2001. Diário Oficial da União, Poder Executivo, Brasília, DF, 24 ago. 2001. Disponível em: <http://www.planalto.gov.br/ccivil_03/mpv/2186-16.htm>. Acesso em: 21 set. 2014.

BRASIL. Ministério da Ciência, Tecnologia e Inovação. Decreto Legislativo n. 2, de 3 de fevereiro de 1994b. Disponível em: <http://www.mct.gov.br/index.php/content/view/14925.html>. Acesso em: 27 set. 2014.

BRASIL. Ministério do Meio Ambiente. Conservação in situ, ex sito e on farm. Disponível em: <http://www.mma.gov.br/biodiversidade/conserva%C3%A7%C3%A3o-e-promo%C3%A7%C3%A3o-do-uso-da-diversidade-gen%C3%A9tica/agrobiodiversidade/conserva%C3%A7%C3%A3o-in-situ,-ex-situ-e-on-farm>. Acesso em: 6 nov. 2014a.

BRASIL. Ministério do Meio Ambiente. Instituto Chico Mendes de Conservação da Biodiversidade. Instrução Normativa n. 1, de 18 de setembro de 2007. Diário Oficial da União, Poder Executivo, Brasília, 20 set. 2007. Disponível em: <http://www.icmbio.gov.br/portal/images/stories/o-que-somos/in012007.pdf>. Acesso em: 10 fev. 2015.

\_\_\_\_\_. O Sistema Nacional de Unidades de Conservação da Natureza. Disponível em: <http://www.mma.gov.br/estruturas/sbf2008_dap/_publicacao/149_publicacao005072011052951.pdf>. Acesso em: 6 nov. 2014b.

BRASIL. Ministério do Meio Ambiente. Plano Estratégico Nacional de Áreas Protegidas – PNAP. Disponível em: <http://www.mma.gov.br/areas-protegidas/plano-de-areas-protegidas>. Acesso em: 7 nov. 2014c.

\_\_\_\_\_. Sistema Nacional de Unidades de Conservação – Snuc. Disponível em: <http://www.mma.gov.br/areas-protegidas/sistema-nacional-de-ucs-snuc>. Acesso em: 21 set. 2014d.

BREWER, R. The Science of Ecology. Orlando: Saunders College Publishing, 1994.

BRITO, M. C. W. Unidades de conservação: intenções e resultados. In: VEIGA, J. E. da (Org.). Ciência ambiental: primeiros mestrados. São Paulo: Annablume/Fapesp, 1998. p. 209-228.

BROWN, S.; LUGO, A. E. Tropical Secondary Forests. Journal of Tropical Ecology, n. 6, p. 1-32, 1990.

CAMPELLO, R. de P.; SANTOS, Z. O. dos. O parque do Itapety ontem e hoje. Educando em Mogi, Mogi das Cruzes, ano 9, n. 51, p. 4-6, jun./jul. 2010. Disponível em: <http://www.sme.pmmc.com.br/0DF9DD2C-0226-462A-92ED-D86FB5A79B7D/FinalDownload/DownloadId-D66C3F766F5BE82F2DA3D06CE72E967F/0DF9DD2C-0226-462A-92ED-D86FB5A79B7D/site2011/arquivos/revista/educando_em_mogi/educando_em_mogi_051.pdf>. Acesso em: 5 nov. 2014.

CAPRA, F. A teia da vida: uma nova compreensão científica dos sistemas vivos. São Paulo: Cultrix, 1996.

CDB – Convenção sobre Diversidade Biológica. Panorama da biodiversidade global 2. Montreal: Secretariado da Convenção sobre Diversidade Biológica, 2006.

CHIARELLO, A. G. Effects of Fragmentation of the Atlantic Forest on Mammal Communities in South-Eastern Brazil. Biological Conservation, n. 89, p. 71-82, 1999.

CIANCIARUSO, M. V.; SILVA, I. A.; BATALHA, M. A. Diversidades filogenética e funcional: novas abordagens para a ecologia de comunidades. Biota Neotropica, Campinas, v. 9, n. 3, p. 93-103, set. 2009.

CNPQ – Conselho Nacional de Desenvolvimento Científico e Tecnológico. Programa de Pesquisa Ecológica de Longa Duração – Peld. Disponível em: <http://www.cnpq.br/web/guest/apresentacao7>. Acesso em: 5 nov. 2014.

COLOMBO, A. F.; JOLY, C. A. Brazilian Atlantic Forest Lato Sensu: the Most Ancient Brazilian Forest, and a Biodiversity Hotspot, is Highly Threatened by Climate Change. Brazilian Journal of Biology, v. 70, n. 3, p. 697-708, 2010.

CONSERVATION INTERNATIONAL. RAP+: Rapid Assessment Program. 2012. Disponível em: <http://www.conservation.org/publications/Documents/CI_RAP_Rapid-Assessment-Program_Discovering-and-Describing-Nature_Factsheet_2012.pdf>. Acesso em: 5 nov. 2014.

CORN, P. S. Straight-line Drift Fences and Pitfall-traps. In: HEYER, W. R. et al. (Ed.). Measuring and Monitoring Biological Standard Methods for Amphibians. Washington, D. C.: Smithsonian Institution Press, 1994. p. 109-117.

COSTA, T. C. e C. da; SOUZA, M. G. de; BRITES, R. S. Delimitação e caracterização de áreas de preservação permanente, por meio de um Sistema de Informações Geográficas (SIG). In: SIMPÓSIO BRASILEIRO DE SENSORIAMENTO REMOTO, 8., 1996, Salvador. Anais... São José dos Campos: Inpe, 1996. p. 121-127. Disponível em: <http://marte.sid.inpe.br/col/sid.inpe.br/deise/1999/01.27.16.17/doc/T48.pdf>. Acesso em: 6 nov. 2014.

CULLEN JUNIOR, L.; RUDRAN, R. Transectos lineares na estimativa de densidade de mamíferos e aves de médio e grande porte. In: CULLEN JUNIOR, L.; RUDRAN, R.; VALLADARES-PADUA, C. (Org). Métodos de estudos em biologia da conservação e manejo da vida silvestre. Curitiba: Ed. da UFPR/Fundação O Boticário de Proteção à Natureza, 2003.

CULLEN JUNIOR, L.; RUDRAN, R.; VALLADARES-PADUA, C. Métodos de estudos em biologia da conservação e manejo da vida silvestre. Curitiba: Ed. da UFPR/Fundação O Boticário de Proteção à Natureza, 2003.

CURSO de Técnica de parcela de areia de molde de pegadas em gesso. Disponível em: <http://agroevento.com/agenda/curso-tecnica-parcela-areia-molde-pegadas-gesso>. Acesso em: 5 nov. 2014.

DARWIN, C. A origem das espécies. São Paulo: Edusp, 1985.

DIAMOND, J. M. Island Biogeography and Conservation: Strategy and Limitation. Science, v. 193, p. 1027-1029, Sept. 1976.

_____. The Island Dilemma: Lessons of Modern Biogeographic Studies for the Design of Natural Reserves. Biological Conservation, v. 7, p. 129-146, 1975.

DISLICH, R.; CERSÓSIMO, L.; MANTOVANI, W. Análise da estrutura de fragmentos florestais no Planalto Paulistano – SP. Revista Brasileira de Botânica, v. 24, n. 3, p. 321-332, 2001.

DURIGAN, G. Métodos para análise de vegetação arbórea. In: CULLEN JR., L.; PÁDUA, C. V.; RUDRAN, R. (Org.). Métodos de estudos em biologia da conservação e manejo da vida silvestre. 2.ed. Curitiba: Ed. da UFPR, 2006.

ECOLOGIA de paisagens. LEPAC – Laboratório de Ecologia da Paisagem e Conservação. Disponível em: <http://ecologia.ib.usp.br/lepac/index.php?option=com_content&view=article&id=46:home&catid=43:home&Itemid=11>. Acesso em: 4 nov. 2014.

EHRLICH, P. R. A perda da diversidade: causas e consequências. In: WILSON, E. O.; PETER, F. M. (Ed.). Biodiversidade. Rio de Janeiro: Nova Fronteira, 1997. p. 27-35.

FAITH, D. P. Conservation Evaluation and Phylogenetic Diversity. Biological Conservation, London, v. 61, n. 1, p. 1-10, 1992.

FERNANDEZ, F. A. S. Efeito da fragmentação de ecossistemas: a situação das Unidades de Conservação. In: CONGRESSO BRASILEIRO DE UNIDADES DE CONSERVAÇÃO, 1., 1997, Curitiba. Anais... Curitiba: CBUC, 1997. p. 48-68.

FERREIRA, L. M.; CASTRO, R. G. S. de; CARVALHO, S. H. C. de. Roteiro metodológico para elaboração de plano de manejo para reservas particulares do Patrimônio Natural. Brasília: Ibama, 2004. Disponível em: <http://www.icmbio.gov.br/portal/images/stories/imgs-unidades-coservacao/roteirorppn.pdf>. Acesso em: 6 nov. 2014.

FLORENZANO, T. G. Imagens de satélite para estudos ambientais. São Paulo: Oficina de Textos, 2002.

FONSECA, G. A. B. Proposta para um programa de avaliação rápida em âmbito nacional. In: GARAY, I.; DIAS, B. (Org.). Conservação da biodiversidade em ecossistemas tropicais: avanços conceituais e revisão de novas metodologias de avaliação e monitoramento. Petrópolis: Vozes, 2001. p. 150-156.

FONSECA, G. A. B.; KIERULFF, M. C. M. Biology and Natural History of Brazilian Atlantic Forest Small Mammals. Bulletin of Florida State Museum – Biological Sciences, v. 34, p. 99-152, 1989.

FORMAN, R. T. T. Land Mosaics: the Ecology of Landscapes And Regions. Cambridge: Cambridge University Press, 1995.

FORMAN, R. T. T.; GODRON, M. Landscape Ecology. New York: John Wiley & Sons, 1986.

FREEMAN, S.; HERRON, J. C. Análise evolutiva. 4. ed. Porto Alegre: Artmed, 2009.

GALANTE, M. L. V.; BESERRA, M. M. L.; MENEZES, E. O. Roteiro metodológico de planejamento: Parque Nacional, Reserva Biológica, Estação Ecológica. Brasília: Ministério do Meio Ambiente, 2002. Disponível em: <http://www.icmbio.gov.br/portal/images/stories/imgs-unidades-coservacao/roteiroparna.pdf>. Acesso em: 4 nov. 2014.

GARAY, I. Avaliação do status da biodiversidade no nível do ecossistema. In: GARAY, I.; DIAS, B. (Org.). Conservação da biodiversidade em ecossistemas tropicais: avanços conceituais e revisão de novas metodologias de avaliação e monitoramento. Petrópolis: Vozes, 2001. p. 399-411.

GUEDES, N. M. R.; MACIEIRA, A. C.; BARBOSA, M. C. T. O uso do Sistema de Informação Geográfica (SIG) em trabalhos de conservação das araras azuis e vermelhas no Pantanal Sul Matogrossense. Ensaios e CI, Campo Grande, v. 10, n. 1, p. 167-179, 2006.

HANEMANN, W. M. Economia e preservação da biodiversidade. In: WILSON, E. O.; PETER, F. M. (Org.). Biodiversidade. Rio de Janeiro: Nova Fronteira, 1997. p. 245-252.

HARDIN, G. The Tragedy of the Commons. Science, v. 162, p. 1243-1248, 1968.

HARRIS, L. D. The Fragmented Forest: Island Biogeography Theory and the Preservation of Biotic Diversity. Chicago: The University of Chicago Press, 1984.

HELGEN, K. M. et al. Taxonomic Revision of the Olingos (Bassaricyon), with Description of a New Species, the Olinguito. ZooKeys, v. 324, p. 1-83, Aug. 2013.

HEROLD, E.; MACHADO, R. A. S.; NAZAR, M. L. Zoneamento do uso e ocupação territorial como ferramenta de planificação para o desenvolvimento social, econômico e ambiental em municípios de vocação extrativista: o caso de Salinas da Margarida–BA. In: SIMPÓSIO BRASILEIRO DE SENSORIAMENTO REMOTO, 13., 2007, Florianópolis. Anais... São José dos Campos: Inpe, 2007. p. 3975-3982.

ICMBio – Instituto Chico Mendes de Conservação da Biodiversidade. Instrução Normativa n. 1, de 18 de setembro de 2007. Diário Oficial da União, Brasília, DF, 20 set. 2007. Disponível em: <http://www.icmbio.gov.br/portal/images/stories/imgs-unidades-coservacao/in012007.pdf>. Acesso em: 26 set. 2014.

INSTITUTO ECOFUTURO. Plano de manejo do Parque Natural Municipal Francisco Affonso de Mello – "Chiquinho Veríssimo". Mogi das Cruzes, 2011.

IUCN – International Union for Conservation of Nature. Categorías y criterios de la Lista Roja de la UICN. Gland, 2012.

JACOB, A. A.; RUDRAN, R. Radiotelemetria em estudos populacionais. In: CULLEN JUNIOR, L.; RUDRAN, R.; VALLADARES-PADUA, C. (Org.). Métodos de estudo em biologia da conservação e manejo da vida silvestre. Curitiba: Ed. da UFPR/Fundação O Boticário de Proteção à Natureza, 2003. p. 285-342.

JANZEN, D. H. Tropical Ecological and Biocultural Restoration. Science, v. 239, p. 243-244, 1988.

KAGEYAMA, P. Y.; GANDARA, F. B.; SOUZA, L. M. I. Consequências genéticas da fragmentação sobre populações de espécies arbóreas. Série Técnica IPEF, v. 12, n. 32, p. 65-70, 1998.

LAURANCE, W. F. et al. Rainforest Fragmentation and the Dynamics of Amazonian Tree Communities. Ecology, v. 79, p. 2032-2040, 1998.

LEITÃO FILHO, H. F.; MORELLATO, L. P. C. As perspectivas da mata de Santa Genebra. In: LEITÃO FILHO, H. F.; MORELLATO, L. P. C. (Org.). Ecologia e preservação de uma floresta tropical urbana: Reserva de Santa Genebra. Campinas: Ed. da Unicamp, 1995. p. 130-134.

LEWINSOHN, T. M.; PRADO, P. I. Biodiversidade brasileira: síntese do estado atual do conhecimento. Relatório final. Núcleo de Estudos e Pesquisas Ambientais e Instituto de Biologia. Campinas: Ed. da Unicamp, 2000.

LIMA, A.; BENSUSAN, N. (Org.). Quem cala consente?: Subsídios para a proteção aos conhecimentos tradicionais. São Paulo: Instituto Socioambiental, 2003. (Série Documentos do ISA, v. 8.).

LOMOLINO, M. V. Mammalian Island Biogeography: Effects of Area, Isolation and Vagility. Oecologia, v. 61, p. 376-382, 1984.

LUDWIG, J. A.; REYNOLDS, J. F. Statistical Ecology: a Primer on Methods and Computing. New York: John Wiley & Sons, 1988.

MANEJO FAUNA. Cursos. Disponível em: <http://www.manejofauna.com.br/cursos.php>. Acesso em: 20 jan. 2015.

MANGINI, P. R.; NICOLA, P. A. Captura e marcação de animais silvestres. In: CULLEN JUNIOR, L.; RUDRAN, R.; VALLADARES-PADUA, C. (Org.). Métodos de estudos em Biologia da Conservação e manejo da vida silvestre. Curitiba: Ed. da UFPR/Fundação O Boticário de Proteção à Natureza, 2003. p. 91-124.

MARENGO, J. A. Mudanças climáticas globais e seus efeitos sobre a biodiversidade: caracterização do clima atual e definição das alterações climáticas para o território brasileiro ao longo do século XXI. Brasília: Ministério do Meio Ambiente, 2006. (Série Biodiversidade, v. 26).

MARGULIS, L.; SCHWARTZ, K. V. Cinco reinos: um guia ilustrado dos Filos da vida na Terra. 3. ed. Rio de Janeiro: Guanabara Koogan, 2001.

MARINI-FILHO, O. J.; MARTINS, R. P. Teoria de metapopulações: novos princípios na biologia da conservação. Ciências Hoje, v. 27, n. 160, p. 22-29, 2000.

MARTINS, F. R. Estrutura de uma floresta mesófila. Campinas: Ed. da Unicamp, 1991.

METZGER, J. P. Como restaurar a conectividade de paisagens fragmentadas?. Botucatu: Fepaf, 2003.

METZGER, J. P.; GOLDENBERG, R.; BERNACCI, L. C. Os caminhos da biodiversidade. Ciência Hoje, v. 25, n. 146, p. 62-64, 1999.

MITTERMEIER, R. A. et al. Uma breve história da conservação da biodiversidade no Brasil. Megadiversidade, v. 1, n. 1, p. 14-21, 2005.

MIYAKI, C. Y. Filogeografia e a descrição da diversidade genética da fauna brasileira. Megadiversidade, v. 5, n. 1, p. 96-100, 2009.

MORA, C. et al. How Many Species are there on Earth and in the Ocean?. PLOS Biology, v. 9, n. 8, p. 1-8, Aug. 2011.

MUELLER-DOMBOIS, D.; ELLENBERG, H. Aims and Methods of Vegetation Ecology. New York: John Willey & Sons, 1974.

MYERS, N. et al. Biodiversity Hotspots for Conservation Priorities. Nature, v. 403, n. 24, p. 853-858, 2000.

NASCIMENTO, H. E. M. et al. Estrutura e dinâmica de populações arbóreas de um fragmento de Floresta Estacional Semidecidual na região de Piracicaba-SP. Revista Brasileira de Biologia, v. 59, n. 2, p. 329-342, 1999.

ODUM, E. P. Ecologia. Rio de Janeiro: Guanabara Koogan, 1988.

ODUM, E. P.; BARRET, G. W. Fundamentos de ecologia. 5. ed. São Paulo: Cengage Learning, 2007.

PÁDUA, J. G.; VASCONCELOS, R. M. de.; SILVA, F. A. da. Manual de curadores de germoplasma: vegetal – legislação relacionada com acesso aos recursos genéticos. Brasília: Embrapa, 2010.

PÁDUA, M. T. J.; COIMBRA FILHO, A. F. Os Parques Nacionais do Brasil. São Paulo: José Olympio, 1979.

PARDINI, R. et al. Levantamento rápido de mamíferos terrestres de médio e grande porte. In: CULLEN JUNIOR, L.; RUDRAN, R.; VALLADARES-PADUA, C. (Org.). Métodos de estudo em biologia da conservação e manejo da vida silvestre. Curitiba: Ed. da UFPR/Fundação O Boticário de Proteção à Natureza, 2003. p. 181-201.

PETERS II, R. L. O efeito da mudança climática global sobre as comunidades naturais. In: WILSON, E. O.; PETER, F. M. (Org.). Biodiversidade. Rio de Janeiro: Nova Fronteira, 1997. p. 575-589.

PICKETT, S. T. A.; WHITE, P. S. The Ecology of Natural Disturbance and Patch Dynamics. San Diego: Academic Press, 1985.

POPP, J. H. Geologia geral. Rio de Janeiro: LTC, 1998.

PRIMACK, R. B.; RODRIGUES, E. Biologia da conservação. Londrina: Edição dos autores, 2001.

RICKLEFS, R. E. A economia da natureza: um livro-texto em ecologia básica. Rio de Janeiro: Guanabara Koogan, 2012.

RIDLEY, M. Evolução. 3. ed. Porto Alegre: Artmed, 2006.

RODRIGUES, E. et al. Conservação em paisagens fragmentadas. In: CULLEN JUNIOR, L.; RUDRAN, R.; VALLADARES-PADUA, C. (Org.). Métodos de estudos em Biologia da Conservação e manejo da vida silvestre. Curitiba: Ed. da UFPR/Fundação O Boticário de Proteção à Natureza, 2003. p. 481-515.

ROMEIRO, A. R. Economia e biodiversidade. Megadiversidade, v. 2, p. 7-9, 2006.

ROSA, J. G. Grande sertão: veredas. São Paulo: Nova Fronteira, 2006.

SALATI, E.; SANTOS, A. A. dos; KLABIN, I. Temas ambientais relevantes. Estudos Avançados, São Paulo, v. 20, n. 56, p. 107-127, jan./abr. 2006. Disponível em: <http://www.cetesb.sp.gov.br/userfiles/file/mudancasclimaticas/proclima/file/publicacoes/conceitos/portugues/temasambientaisrelevantes.pdf>. Acesso em: 6 nov. 2014.

SANTILLI, J. Biodiversidade e conhecimentos tradicionais associados: novos avanços e impasses na criação de regimes legais de proteção. In: LIMA, A.; BENSUSAN, N. (Org.). Quem cala consente?: Subsídios para a proteção aos conhecimentos tradicionais. São Paulo: Instituto Socioambiental, 2003. (Série Documentos do ISA, v. 8.).

SÃO PAULO (Estado). Decreto n. 25.341, de 4 de junho de 1986. Diário Oficial [do] Estado de São Paulo, 4 jun. 1986. Disponível em: <http://governo-sp.jusbrasil.com.br/legislacao/192675/decreto-25341-86>. Acesso em: 4 nov. 2014.

_____. Decreto n. 53.494, de 2 de outubro de 2008. Diário Oficial [do] Estado de São Paulo, 2 out. 2008. Disponível em: <http://governo-sp.jusbrasil.com.br/legislacao/144551/decreto-53494-08>. Acesso em: 3 nov. 2014.

SÃO PAULO (Estado). Secretaria do Meio Ambiente. Resolução n. 48, de 21 de setembro de 2004. Diário Oficial [do] Estado de São Paulo, 22 set. 2004. Disponível em: <http://www.ambiente.sp.gov.br/wp-content/uploads/resolucao/2004/2004_Res_sma48.pdf>. Acesso em: 10 fev. 2015.

SAYRE, R. et al. Natureza em foco: avaliação ecológica rápida. Arlington: The Nature Conservancy, 2000.

SCHALTEGGER, S.; BESTÄNDIG, U. Manual de gestão da biodiversidade pelas empresas: guia prático de implementação. Brasília: Ministério do Meio Ambiente, 2010. Disponível em: <http://arquivos.portaldaindustria.com.br/app/conteudo_24/2012/10/03/108/20121022134620818988i.pdf>. Acesso em: 6 nov. 2014.

SHAFFER, M. L. Minimum Population Sizes for Species Conservation. BioScience, v. 31, n. 2, p. 131-134, Feb. 1981.

SILVA, W. R. O papel da fauna na recuperação e monitoramento de ecossistemas. In: SIMPÓSIO DE ECOSSISTEMAS BRASILEIROS, 4., 1998, São José dos Campos. Anais... São Paulo: Aciesp, 1998. n. 104. p. 295-298.

SOARES, B. M. Métodos de amostragem; Levantamentos expeditos da fauna de vertebrados; Espécies de vertebrados como bioindicadores. Pós-graduação em Licenciamento Ambiental. Slides. Disponível em: <http://slideplayer.com.br/slide/1267811>. Acesso em: 5 nov. 2014.

SPÍNOLA, C. M. et al. Uso de Sistemas de Informação Geográfica (SIG) para avaliar a relação entre mastofauna e mosaico fitofisionômico numa área de plantio de Eucalyptus da Votorantim Florestal. In: SIMPÓSIO BRASILEIRO DE SENSORIAMENTO REMOTO, 12., 2005, Goiânia. Anais... São José dos Campos: Inpe, 2005. p. 2397-2399.

STALLINGS, J. R. Small Mammal Inventories in an Eastern Brazilian Park. Bulletin of the Florida State Museum – Biological Sciences, v. 34, n. 4, p. 153-200, 1988.

STEVENS, S. M.; HUSBAND, T. P. The Influence of Edge on Small Mammals: Evidence from Brazilian Atlantic Forest Fragments. Biology Conservation, v. 85, p. 1-8, 1998.

SULLIVAN, A. L.; SHAFFER, M. L. Biogeography of the Megazoo. Science, v. 189, p. 13-17, 1975.

TOMAS, W. M.; MIRANDA, G. H. B. Uso de armadilhas fotográficas em levantamentos populacionais. In: CULLEN JUNIOR, L.; RUDRAN, R.; VALLADARES-PADUA, C. (Org). Métodos de estudos em biologia da conservação e manejo da vida silvestre. Curitiba: Ed. da UFPR/Fundação O Boticário de Proteção à Natureza, 2003. p. 243-267.

TOMASULO, P. L. B. Análise da composição florística e estrutura da vegetação como subsídio ao plano de manejo do Parque Municipal da Serra do Itapety, Mogi das Cruzes, SP. 88 f. Dissertação (Mestrado em Ecologia) – Instituto de Ciências Biológicas, Universidade Federal de Minas Gerais, Belo Horizonte, 1995. Disponível em: <http://www.icb.ufmg.br/pgecologia/dissertacoes/D032_Pedro_Luiz_Batista_Tomasulo.pdf>. Acesso em: 6 nov. 2014.

_____. Avaliação da biodiversidade: vegetação. São Paulo: Instituto Ecofuturo, 2011.

_____. Flora fanerogâmica da Serra do Itapeti. In: MORINI, M. S. C.; MIRANDA, V. F. O. Serra do Itapeti: aspectos históricos, sociais e naturalísticos. Bauru: Canal 6, 2012.

TOWNSEND, C. R.; BEGON, M.; HARPER, J. L. Fundamentos em ecologia. 3. ed. Porto Alegre: Artmed, 2010.

VETTORAZZI, C. A.; FERRAZ, S. F. B. Uso de sistemas de informações geográficas aplicados à prevenção e combate a incêndios em fragmentos florestais. Série Técnica IPEF, v. 12, n. 32, p. 111-115, dez. 1998. Disponível em: <http://www.ipef.br/publicacoes/stecnica/nr32/cap11.pdf>. Acesso em: 6 nov. 2014.

VIANA, V. M.; PINHEIRO, L. A. F. V. Conservação da biodiversidade em fragmentos florestais. Série Técnica IPEF, v. 12, n. 32, p. 25-42, dez. 1998. Disponível em: <http://www.ipef.br/publicacoes/stecnica/nr32/cap03.pdf>. Acesso em: 6 nov. 2014.

WILLIAMS, J. T. Identificação e proteção das origens de nossas plantas alimentares. In: WILSON, E. O.; PETER, F. M. (Org.). Biodiversidade. Rio de Janeiro: Nova Fronteira, 1997. p. 303-312.

WILSON, E. O. A situação atual da diversidade biológica. In: WILSON, E. O.; PETER, F. M. (Org.). Biodiversidade. Rio de Janeiro: Nova Fronteira, 1997.

_____. Diversidade da vida. São Paulo: Cia. das Letras, 2012.

WILSON, E. O.; PETER, F. M. (Org.). Biodiversidade. Rio de Janeiro: Nova Fronteira, 1997.

# Respostas

## capítulo 1
### Questões para revisão

1. c
2. b
3. a
4. A filogenética aborda o conceito de espécie conforme a descendência que os indivíduos tem em relação a um ancestral comum. De forma simplificada, seriam da mesma espécie aqueles indivíduos que compartilhassem as mesmas características tipológicas e que dividem a mesma ancestralidade.
5. De acordo com Wilson (2012), são fungos, bactérias e similares.

### Questão para reflexão

O preenchimento da lacuna existente no conhecimento da biodiversidade do planeta dependerá do interesse e do investimento nos esforços voltados aos levantamentos feitos em campo, principalmente em locais inóspitos e remotos da Terra.

## capítulo 2
### Questões para revisão

1. d
2. c
3. d
4. As metapopulações estão sujeitas a dinâmicas naturais de colonizações, recolonizações e extinções locais temporais. Assim, quanto maior o número de áreas de hábitat numa dada região, maiores são as chances de essas colonizações e recolonizações acontecerem e favorecerem as populações locais. Devem ser considerados ainda os fatores relacionados à qualidade ambiental desses hábitats.

5. Quando há insuficiência de dados para a categorização do grau de ameaça a uma espécie, a União Internacional para a Conservação da Natureza recomenda (IUCN) que sejam realizadas mais pesquisas sobre a espécie no sentido de se obter maiores informações sobre seu real estado de ameaça, categorizando-a adequadamente.

Questão para reflexão

Atualmente, a forma mais harmônica de convívio da população humana com a vida silvestre está no estabelecimento de uma sociedade justa e sustentável, capaz de conservar as áreas naturais, assegurando ainda a qualidade dos hábitats nos ecossistemas.

capítulo 3

Questões para revisão

1. a
2. b
3. c
4. As sociedades primitivas utilizavam mais itens da natureza, pois não havia ainda o desenvolvimento de técnicas de modificação genética dos organismos vivos para suprir a grande demanda por recursos naturais. Assim, havia acesso a muito mais variedades naturais de itens, principalmente para consumo como alimentação.
5. Historicamente, os recursos naturais sempre foram considerados bens da humanidade. Sendo assim, eram também alvos de utilização de todos que os necessitassem como suprimentos. Com a adesão do Brasil à Convenção sobre Diversidade Biológica (CDB), foram estabelecidas as normatizações sobre os usos de tais recursos em território nacional visando à sua proteção e ao acesso ao conhecimento tradicional associado, à repartição de benefícios e ao acesso à tecnologia, além da transferência desta para sua conservação e utilização.

*Questão para reflexão*

Sim, a utilização exacerbada dos recursos naturais pode levá-los à extinção num curto período de tempo, uma vez que nem todos eles são de caráter renovável.

## capítulo 4

*Questões para revisão*

1. a
2. c
3. b
4. A implantação do zoneamento numa unidade de conservação tem por objetivo principal a proteção dos seus recursos segundo a vocação da área onde se encontra. Além do mais, a gestão de uma área protegida é baseada, principalmente, no zoneamento da unidade.
5. Sim, é possível não apenas a convivência harmônica entre as unidades de conservação e as populações tradicionais e povos da floresta, mas também a troca de experiências e a parceria em sua gestão.

*Questão para reflexão*

Os estudos técnicos são importantes para justificar a criação da unidade e embasar sua relevância nos níveis regional, estadual e nacional. As consultas públicas visam evitar conflitos, principalmente com a população diretamente envolvida no processo de conversão para proteção.

## capítulo 5

*Questões para revisão*

1. b
2. c

3. a

4. Os levantamentos qualitativos da vegetação trazem, de forma geral, uma lista de espécies da flora que ocorrem em um dado local. A partir dessa lista, é possível a elaboração de outras pesquisas relacionadas à vida silvestre e constatações sobre o estágio de sucessão ecológica em que a comunidade se encontra.

5. O levantamento quantitativo da vegetação, além de trazer informações sobre as espécies que ocorrem em um determinado local, traz também dados sobre a densidade das populações, a frequência de ocorrência das espécies, sua abundância, dominância e importância, além de estimativas sobre a diversidade.

*Questão para reflexão*

Como vimos, os levantamentos qualitativos fornecem uma lista de espécies que ocorrem em um dado local. Assim, se desejamos fazer um levantamento de dados numéricos (quantitativo), já sabemos de antemão as espécies, o que facilita muito os trabalhos de campo e a elaboração de um relatório final.

*capítulo 6*

*Questões para revisão*

1. c
2. b
3. d
4. Justamente por não haver avistamentos do animal, os rastros e vestígios são imprescindíveis nos levantamentos da fauna. Eles indicam que as espécies se utilizam da área e necessitam de seus recursos.
5. Os métodos de captura são adequados quando queremos ter a certeza da ocorrência da espécie na área estudada.

*Questão para reflexão*

O método de estabelecimento de transectos parece ser o mais adequado para ecossistemas com grande heterogeneidade ambiental, pois estes podem incluir amostragens em diversos ambientes num mesmo local.

*capítulo 7*
*Questões para revisão*

1. a
2. c
3. a
4. A melhor definição neste caso é aquela formulada por Forman e Godron (1986), que definem paisagem como uma unidade heterogênea, composta por um complexo de unidades interativas – em geral ecossistemas, unidades de vegetação ou de uso e ocupação de terras. De acordo com os autores, a estrutura pode ser definida pela área, forma e disposição espacial (grau de proximidade e de fragmentação) dessas unidades
5. A paisagem se torna mais permeável à medida que mais áreas de hábitat existem e também que a conexão entre elas aumenta.

*Questão para reflexão*

O estudo da paisagem pode fornecer ao gestor da biodiversidade informações importantes no que diz respeito ao grau de fragmentação das áreas de hábitat para a vida silvestre, bem como ao grau de conexão/isolamento desses fragmentos, além de ser capaz de propiciar embasamento ao gestor para a proposição de implantação de corredores ecológicos entre os fragmentos e de unidades de conservação.

# Sobre o autor

Pedro Luis Batista Tomasulo

É biólogo, graduado pela Universidade de Mogi das Cruzes (UMC), São Paulo; mestre em Ecologia, Conservação e Manejo da Vida Silvestre pela Universidade Federal de Minas Gerais (UFMG); e doutor em Geociências e Meio Ambiente pela Universidade Estadual Paulista Júlio de Mesquita Filho (Unesp). Com 19 anos de experiência docente no ensino superior de graduação e pós-graduação, foi professor adjunto da Universidade de Mogi das Cruzes e atualmente é coordenador dos cursos de Ciências Biológicas (modalidade presencial) e de tecnólogo em Gestão Ambiental (modalidade a distância) da Universidade Braz Cubas. Atua na área de conservação da biodiversidade, com ênfase em unidades de conservação, principalmente nos seguintes temas: parques municipais, planos de manejo, levantamentos florísticos e recuperação de áreas degradadas. Atua também como avaliador de cursos de graduação do Instituto Nacional de Estudos e Pesquisas Educacionais Anísio Teixeira – Inep (do Ministério da Educação – MEC) e como consultor ambiental.

Os papéis utilizados neste livro, certificados por instituições ambientais competentes, são recicláveis, provenientes de fontes renováveis e, portanto, um meio responsável e natural de informação e conhecimento.

**FSC**
www.fsc.org
**MISTO**
Papel produzido a partir de fontes responsáveis
**FSC® C103535**

Impressão: Reproset
Outubro/2018